一種奇妙而難以估量的力量

絕對經典
CLASSIC

Suggestion and Autosuggestion

心理暗示術

數以百萬計的人因此而改變人生

Émile Coué de la Châtaigneraie
埃米爾・庫埃／著　尚文／譯

著名成功學大師一致推薦

拿破崙・希爾 Oliver Napoleon Hill
羅伯特・舒樂 Robert H. Schuller
諾曼・皮爾 Norman Vincent Peale

自我暗示是我們與生俱來的一種工具，在這種工具中，或者更確切地說，在這種力量中，蘊藏著一種奇妙而難以估量的力量。——埃米爾・庫埃

轟動全世界的暢銷書

我非常尊敬庫埃先生……他是心理暗示法的宣導者，數以萬計的人因為他的暗示法而改變人生。——心理學大師　佛洛伊德

庫埃先生的偉大之處在於：他把所有成功背後的心理學因素，以簡單易懂的語言解釋得十分清楚。——成功學之父　拿破崙・希爾

前言

在暗示與自我暗示的領域內，本書堪稱經典之作，書內詳細介紹了利用暗示與自我暗示治癒各種疾病的方法。本書重點告訴大家，每個人身體內都蘊藏著極大的能量，只要你學會發掘和利用它，那這種能量就足以對抗各種生理和心理的疾病，這種力量就被潛意識操控著。

在進行初始暗示時，最好有治療師在你身旁進行指導，或者嚴格按照本書的步驟進行，因為這樣可以使你少走很多彎路，儘快的學會將暗示轉化為自我暗示的方法。要注意，千萬不要依賴你的治療師或者這本書，因為它們都僅僅是讓你學會怎樣幫助自己的工具。最後真正解救你的還是你自己。

像剛剛所說的，無論是別人施加於你的，還是你自己對自己進行的暗示，都必須要被你的潛意識接受，轉化成自我暗示才能奏效。這是一個看似複雜，但實際上很簡單的過程。只要你像書中講的那樣：每天的早晚，以一個舒適的姿勢躺下，閉上雙眼，調整呼吸，然後用自己能聽到的音量對自己說「每天，我的各個方面都變得越來越好」，這樣重複二十次。堅持這樣做，你的潛意識就會接受這句話，真的開始作用於你全身各處的器官組織，讓它們變得越來越好。所以你不需要對任何具體的部位進行暗示，因為這一句話足以讓你全身各處的病痛都慢慢減輕，最終消失。

本書還介紹了想像的力量，為大家解釋了想像與意志的關係。過去大家總認為，只要意志堅強，就可以攻無不克，但實際情況卻是徒有意志是沒用的，常常你的意志是「我一定可以成功」但你的想像卻是「可是我成功不了」，這樣潛意識就會聽從你的想像，而使你一事無成。所以無論什麼情況下，想像才是最重要的，只有時刻想像著自己成功的喜悅，想像自己健康的樣子，想像自己在睡夢中的香甜，那樣你才能真的成功、健康、睡的香甜。

除了這點，本書還為大家介紹了其它一些違背我們常識卻又實際影響我們生活的理論和觀點，這是一部兼備理論性與應用性的著作，請大家靜心閱讀，希望本書可以讓虔誠的你感到一點溫暖，獲得一絲啟發，看到一縷曙光。

目錄

CONTENTS

前言

第1章 古老而新興的學科——暗示與自我暗示……7

第2章 潛意識——生命的寶藏……25

第3章 自我暗示的精髓……33

第4章 暗示的過程……45

第5章 學會使用自我暗示……63

第6章 日常心理暗示療法……83

第7章 實踐中的自我暗示……109
第8章 運用暗示幫助治療疾病……125
第9章 怎樣實踐心理暗示治療……143
第10章 對病人的自我暗示進行指導……165
第11章 治癒後的鞏固措施……181
第12章 教育孩子的自我暗示方法……215
第13章 我不是一個能治療所有人的醫生……225
第14章 在美國進行的演講……231
第15章 巴黎演講紀實……245

Suggestion and Autosuggestion

第一章：古老而新興的學科——暗示與自我暗示

暗示，尤其是自我暗示，是一門新興的學科，然而，它又擁有著悠久的歷史。說它新是因為，至今我們一直錯誤的研究和理解它；說它歷史悠久是因為，自人類誕生以來，它就開始存在。事實上，自我暗示是伴隨我們出生而獲得的一種能力，並且其中蘊藏著巨大的潛能，它可以透過與環境作用而產生或好或壞的結果。每個人都有必要瞭解這種能力，尤其是醫生、法官、律師和從事教育工作的人。

意識與潛意識

要正確理解或準確描述暗示和自我暗示這一現象，必須瞭解人類自身存在的兩種截然相反的特性：有意識的和潛意識的，這兩種特性都是才智的體現。但是潛意識的存在通常被忽略掉。然而，只要花心思去檢驗並思考某種現象，就很容易證明潛意識的存在。實例如下：

大家都聽說過夢遊症，一個夢遊的人在夜間未醒的狀態下起床，穿上衣服或者乾脆不穿衣服走出房間，下樓，穿過走廊，實施某種行動或完成某項工作後，返回他的房間，上床繼續睡覺。然後在第二天這個人會驚訝地發現，前一天未完成的工作都已經被做完了。

然而，正是他自已毫無知覺地做了這些，除了潛意識（非自覺）有這種支配他的身體的力量外，還有什麼別的東西具有這種力量嗎？

我們可以利用下面這個事例來做一個驗證：一個醉漢由於震顫性譫妄發作，幾乎完全瘋狂。他拾起離他最近的任何一種可能作為武器的東西，比如小刀、木槌、或是斧頭，狂暴地攻擊那些不幸位於他附近的人。當發作結束、恢復理智後，此人也會對周圍的血腥的場景感到驚恐，絲毫沒有意識到這是他的所作所為。除了潛意識還有什麼能促使他作出這種舉動？

將自覺行為與非自覺行為進行對比，就會發現，自覺的記憶常常是不可靠的，而非自覺的記憶卻是與現實完美吻合的，它在我們毫無意識的情況下記錄了我們平時所發生的細微的、不重要的事情。此外，我們告知非自覺的一切，都會被無條件的相信和接受。由於大腦所支配的一切器官的功能都受到這種非自覺的影響，所以會產生一種看似很荒謬的結論：如果非自覺認為某個器官運轉正常，那這個器官就運轉正常；如果它認為某個器官運轉不正常，那這個器官就運轉不正常；如果它認為我們會有某種感覺，那我們就會真的有這種感覺。非自覺不但控制著全部器官的運轉，還控制著全部行為的發生。這種非自覺所認為的事情就是想像。想像不受任何判斷，如果想像與意志產生衝突，它常常指導行為去反抗意志。

想像與意志

在詞典中「意志」這個詞的定義是：「自由地決定某種行為的能力」。我們認為這是絕對正確的。然而，這種解釋其實大錯特錯。無論我們再怎樣為我們的意志而驕傲，意志也常常屈服於想像，是一個絕對規則。

你會立刻反駁我，說我胡說！但很可惜，這是絕對的真理。

為了使你相信這一點，請你試著去理解周圍所能看到的一切。你就會得出這樣的結論：我所說的並不是毫無價值的推測，而是對事實的純粹表達。

如果我們在地面上放一塊三十英尺長、一英尺寬的厚木板，相信每個人都可以輕鬆的從板的一端走到另一端，並保證絕不會踩到木板的邊緣。但是如果改變實驗的環境，想像這塊木板升高到教堂塔樓的高度，下面懸空，請問有多少人能夠獨自在這狹窄的木板上前進呢？我想大概沒有人能做到，儘管你的意志在努力，但你仍會全身顫抖，邁不出兩步就會摔到地面上來。

為什麼同樣一塊木板，放在地面上就可以通過，而升高到教堂塔樓的高度就會衰落呢？這只是因為，在地面上你想像你可以很容易的通過，而在高空中你則想像你不可能通過。

一定要注意，意志是不能使你前進的，如果你想像你做不到，那麼你就絕對做不到。如果普通人想像他們可以通過木板，那麼他們也可以想雜技演員一樣完成這項壯舉。

頭暈是因為我們在頭腦中想像了一個即將倒下的畫面，這是一個可以轉變為現實的畫面，儘管我們的意志在努力讓我們不要倒下，但是這種努力越強烈，我們暈倒的結果出現的就會越快。

有這樣一個病例：一個失眠的病人，他越是努力透過意志強迫自己入睡，就越無法平靜，而如果他不努力迫使自己入睡，他則可以平靜的躺在床上。不知你有沒有注意到以下情況：你越是努力想要記起一個人名，就越無法想起，因為此時你腦子的念頭是「我已經忘記了」，而如果你的念頭改為「我馬上就能想起來」，那你就可以不費吹灰之力的想起這個名字。

回顧初始學自行車的那些日子，你在向前騎的同時總是害怕摔倒，這時當你瞥見路邊有一個障礙物時，無論這個障礙物多小，你越是努力試著繞開他，就越容易撞上去。

誰都有無法控制的大笑過，你越是想要控制，你就越笑得厲害。

我們來分析一下在這些不同場景中，每個人的意識狀態是如何的：「我不想摔倒，但是沒辦法」；「我想睡覺，但是睡不著」；「我想記起某某夫人的名字，但是想不起來」；「我想繞開那個障礙物，但是做不到」；「我想控制大笑，但是控制不了。」

如上所示的每一組衝突中，想像都沒有例外的戰勝了意志。

同樣的邏輯也可用於下面的例子：如果一個軍隊的最高領導者總是衝在隊伍的最前方，那麼這支軍隊往往可以取得勝利，而如果最高領導者要求每個人要保全自身，因為他們是自己的代表，那這支軍隊多半會失敗。這是因為在第一個場景中，士兵們想像：我們必須前進；而在第二個場景中，士兵們則想像：我們如果被打敗，就必須為自己活命而奔逃。

人類會在不知不覺中被驅使著去模仿別人的做法，這種驅使是不可抗拒的，因為我們想像：我們只能模仿。

我有一千個這樣的事例，如果一一列舉你一定會覺得乏味，但是，我不能忽略這些事例，因為它們顯示了想像即非自覺在與意志對抗過程中的巨大力量。

那些想戒酒卻怎麼也戒不掉的酒鬼們，他們十分明確喝酒給他們帶來的危害，而且他們都想要保持清醒的頭腦，厭惡整天喝得醉醺醺的感覺，但他們就是無法克制的想要去喝酒，他們的意志無法阻擋這種力量。

同樣，儘管有一些罪犯在有意識的情況下犯罪，但當被問到犯罪原因時，他們會說：「我是被一種力量驅使的，我沒辦法控制自己，這種力量比我自己要強大許多。」

醉漢和罪犯的情況相似：他們無法控制的去做那些事情，僅僅因為他們認為自己無法控制自己。

所以說，我們這些為我們的意志而驕傲，相信可以自由地去做任何想做的事的人不過是一個傀儡，想像是牽制我們的拉繩。如果，我們想要結束這種做傀儡的生涯，那就必須學會如何去支配我們的想像。

暗示與自我暗示

經過前面所講的，想像就像是一條水勢很急的河流，不幸落入水中的人們盡全力想要回到河岸，卻還是會被洶湧的水流捲走。這是一條無法征服的河流，但是如果我們可以改變它的方向，將它向發電廠的方向引去，那它就可以被轉化為動能、熱能和電能。

如果這個比喻還不夠充分，我們還可以把想像比喻成為一匹未被馴服的野馬，牠沒有被套上馬籠頭，沒有配掛韁繩，我們除了讓這匹馬任意馳騁外，沒有別的辦法，而如果這匹野馬逃離了我們掌控，那這匹馬也只能在黑暗和無所事事中度過一生。但是如果我們可以給馬套上籠頭，配掛起韁繩，那麼這匹馬就會受你的控制，在你的驅使下去你想去的地方。

我們現在已然明白潛意識即想像所能產生的巨大力量，那麼我要向大家宣佈：這種一直以來被大家認為不可征服的「自我」，其實可以像激流和這野馬一樣很容易地加以控制。但是在深入探討這個問題之前，我們必須清楚有兩個詞我們經常使用，但是卻並沒有正確的理解他們的意思，現在我們有必要謹慎地為這兩個詞下定義，這兩個詞就是暗示與自我暗示。

暗示是什麼，我們可以把它定義為：「**把某種思想強加給另一個人的行為**」。但是這種行為並不是真正存在的。暗示本身不僅不存在，而且它也沒有存在的可能性，除非可以將暗示轉變為自我暗示。自我暗示的定義為：「**對自己進行思想灌輸的行為**」。

你可以對別人實施暗示，但是如果他的潛意識不接受這種暗示，或者他的潛意識只顧將你的暗示轉化為自我暗示而沒有將它領悟，那麼這個暗示就不會產生任何效果。我平時偶爾也向身邊那些看似很順從的人做一些暗示，但是都不成功，原因就在於，這些人的潛意識拒絕接受它們，也拒絕將它們轉變為自我暗示。

利用自我暗示來控制想像

我們可以像引導一條激流和馴服一匹野馬一樣，控制我們的想像。如何控制我們的想像呢？首先，必須清楚控制想像是可以做到的（幾乎人人都不認為這能成功）。其次，要知道控制想像的方法。其實這個方法很簡單，自從我們出生後，我們每天都會無意識的利用它，並且從未想要去瞭解它。但是我們常常錯誤地運用這個方法，最終傷害了我們自己。這種方法就是自我暗示。

以前我們常常進行無意識的自我暗示，現在我們必須做到對自己進行有意識地自我暗示。如何做呢？首先，搞清楚自我暗示的對象是什麼，根據實際情況肯定或否定它，之後再集中精力複述幾次：「它要來了」，「它要離開了」，「這事不會發生」等等。但前提必須是這件事是我們能力範圍之內的。如果我們的潛意識認可了這個暗示，並將它轉換為自我暗示，那這件事就會成為現實。

所以我所理解的自我暗示不過是一種催眠術。我給自我暗示下的一個簡單的定義為：想像給人類的精神和生理所帶來的影響。這種影響是必然存在的，以下幾個例子可以說明。

一件在你能力範圍之內的事情，如果你可以讓自己相信自己一定能夠辦到，那麼無論這件事有多困難，你都能夠做到。相反，即使是世界上最簡單的事情，如果你想像自己無法做到，那你就真的做不到，這個時候小土丘也會變成難以攀登的峭壁懸崖。

這裡有幾個精神官能症患者的病例。這些認為自己一無是處，即使最小的成績也無法取得的人，常常發現自己就算只走幾步路也會感覺疲勞不堪。他們越是想脫離這種困境就越發的消極厭世，就像那些陷入沼澤中的遇難者一樣，越是掙扎，就陷得越深。

同樣，如果你告訴自己疼痛就要消失了，你就的確會感覺到疼痛在逐漸消失。相反，如果你想要感受疼痛的感覺，那就想像你正在受苦的畫面就可以了。

我知道有些人可以預測他們在某一天、某一種環境下會出現嚴重的頭痛，然後在那一天、那種的環境下他們會真的發病了。他們透過自我暗示是自己患病，如同那些人透過自我暗示將自己治癒的人一樣。

我知道如果一個人膽敢提出違背常理的思想，那他被冠以瘋子的惡名。然而今天我就要冒天下之大不韙，告訴大家：某些人在精神上和身體上患了疾病，那是因為他們想像自己在精神上或身體上患了病；某些人癱瘓了，而身體上又沒有什麼導致他癱瘓的損傷，那就是因為他們想像自己癱瘓了。自我暗示就是在這些人身上，產生了奇蹟般的療效。一個人是幸福還是不幸福，取決於他的想像。對於處在完全相同的環境中的兩個人來說，很可能一個人非常快樂，而另一個則十分沮喪。

精神官能症、口吃、厭惡、盜竊狂和某些癱瘓的病例，不過是潛意識自我暗示的結果。

如果許多疾病來源於潛意識，那麼反過來我們也可以利用潛意識治癒這些疾病。而且潛意識不僅能治癒它給我們帶來的疾病，也能治癒真正的疾病。

如果你可以把自己獨自關在一間屋裡，坐在一個扶手椅中，為避免其他事物的干擾閉上眼睛集中精力想像：「這件事就要消失了」，或者「這件事就要發生了。」而且你的潛意識也認可了你的想像，那你就會驚訝地發現，你所想的事情真的發生了（這是自我暗示的結果，它確實存在卻無法被我們知覺，我們僅僅透過自我暗示所產生的影響來得知它們的存在）。但很重要的一點是在進行自我暗示時，一定不要運用意志。因為，如果意志不能與想像達成一致，那就可能導致相反的結果。比如一個人的意志說：「我將使某某事發生」，而想像卻說：「你希望如此，但它不會成為現實」。

這個結論是極其重要的，這讓我們搞清楚了為什麼以往精神治療的效果總是不令人滿意，因為他們注重培養意志。其實想像的訓練才是最重要的，正是因為這種微小的不同，我的實驗就常常取得成功，而那些著重培養意志的人卻總是失敗。我每天都在謹慎的做這些實驗，並且堅持了二十年。通過無數的實驗，我得出以下結論：

（一）當意志與想像相對抗時，想像總是戰勝意志。

（二）當意志與想像相衝突時，一點點想像力就可以戰勝強烈的意志力。

（三）當意志與想像相一致時，它們的促進作用是以幾何級數表現出來的。

（四）我們完全有可能控制想像。

每一種疾病都能夠屈服（不是始終屈服）於想像，所以每個人都不應該生病，這種說法似乎既大膽又不靠譜，但這是真理。

要進行自覺的自我暗示，就要學會如何去做，就像學會如何讀書、寫字、演奏鋼琴那樣。

前面說過，我們出生時就擁有自我暗示這種工具，並且一生都在非自覺地使用它，這種使用就好像嬰兒天生就會擺弄撥浪鼓一樣。但是，它就像一把雙刃劍，如果你輕率地、無意識地操縱它，它就會傷害你甚至毀滅你。但是如果你懂得如何自覺地利用它，它就可以挽救你的生命。伊索曾這樣評價過舌頭：「它同時是世界上最好也是最壞的東西」，其實自我暗示也一樣。

下面我要展示每個人是如何經過自覺的自我暗示獲益。但是有兩種人難以喚起自覺的自我暗示：

（一）那些無法理解別人話語意思的頭腦不健全的人。

（二）那些不願意理解的人。

運用自我暗示成就人生

汝爾丹先生曾說過：「在不知不覺中出口成章」。同樣的，我們也是在不知不覺中使自我暗示產生了作用。自我暗示是自發的，因為他不是經過思考或者受到啟發後才發揮作用。自我暗示的一個極好的例子就是我們可以經過學習呼吸方式，進行呼吸訓練來增進我們的健康，呼吸行為是自動的，但是我們能夠隨意調節我們呼吸的方式。一旦我們瞭解了自我暗示的發生機制，並且學會怎樣控制它，我們就可以成為命運的主人。

我下面將介紹一個嬰兒會自動地進行自我暗示的例子。一個剛出生的嬰兒，如果在搖籃中哭鬧，那他的母親一定會把他抱起，直到哭鬧結束再將他放回搖籃，但這時嬰兒又會開始哭鬧，母親必須再把他抱起才能使他停止。這樣的過程重複多次，就會讓孩子產生一種缺乏有意識的想法，那就是如果他啼哭，他就可以被母親抱起，使他的無意識的願望得到滿足。而如果這嬰兒在啼哭時，獨自被留在搖籃裡，母親沒有去將他抱起，那他的潛意識就會接受現實，不再白費力氣哭鬧，因為他知道這樣做是沒有用的。

我們的一生都生活在自我暗示的影響之下，我們的潛意識控制著我們的行為，同樣也控制了我們的健康。我們可以利用運用自我暗示、自我教育的方法來理智的引導潛意識，這樣我們就擁有了健康。

預防應先於治療。擁有健康的心態才會擁有健康的身體。如果我們擁有健康的心態，那麼即使我們偶爾患病，也可以快速康復起來。不知道你有沒有注意過這一點，在流行病肆虐之時，如果人們能夠沉著地處理其他事務，根本不去擔心自己是否會患病，那基本上這些人就不容易受到傳染病的感染。與此相反，那些整日提心吊膽擔心被流行的疾病所傳染的人，無論他們做怎樣的預防工作，最後肯定還會得病。巴黎醫學院記錄了一個關於暗示的案例：一位老人在進行一次艱險的手術後，瀕臨死亡，但是她的兒子兩天以後才能從印度趕回來。當時的醫療水準，根本不足以讓她維持那麼久的時間。當時的醫生採用了暗示的方法，告訴老人她的身體正在恢復，而且她的兒子第二天早晨就能來看望她，結果這位老人的生命延續了兩週之久。從醫學的角度來看，這就是一個奇蹟。

除此之外，還有另一個不可思議的案例：多年前，有一位地位顯赫的人找我諮詢。他飽受鼻竇炎的折磨為此做過十一次手術，但是鼻竇炎的症狀卻沒有減輕，使他身心具疲。無論白天還是黑夜，頭痛始終伴隨著他使他難以入睡，這也導致了他食欲衰退，身體極度虛弱。他多數時間只能臥床休息。我當時也沒有對他的治療抱有太大的希望，只是盡力讓他相信暗示的力量。治療的前幾個療程沒有讓他的病情好轉，但是我能夠看出病重的他對暗示理論深信不疑，他每天都會引導潛意識來治療鼻竇炎。突然有一天，他說他覺得他的症狀有了輕微的改善，但還不是很確定，但那是事實，而且他的病情在不斷的好轉，最後痊癒了。現在他的鼻子再也不像以前那樣天天流膿了，他可以不知疲倦地工作，並且身體非常健康。

還有一個集體自我暗示的例子。當時在巴黎赫諾德醫生的診所中發現了一種據說能夠治癒肺結核的新型血清，他們將這種血清用於肺結核患者身上進行實驗。從注射的結果來看這種疫苗取得了很大成功：注射了血清的患者，咳嗽變少了，其他的症狀也減輕了，所有患者的恢復情況都令人滿意。但是不久之後大家才知道所謂新型血清只不過是一種以前在實驗中沒有奏效的藥物，症狀的改善只是因為患者們在潛意識裡對其抱以極大希望。

得知真相後，患者們本身有所改善的症狀又加重了。

我前面所提到的案例被人們稱作是奇蹟，其實世界上並不存在奇蹟這種東西。奇蹟都是透過自我暗示而實現的。自我暗示是大自然賦予我們的神奇力量，如果我們能夠學會控制它的方法，我們就可以在能力可及的範圍內成功做我們想做的事情。自我暗示理論使得天命論和宿命論黯然失色，它們只能存在於我們錯誤的想像之中，根本沒有立足之地。只有自己才能決定自己的命運，外部環境的阻礙和困擾都不足為懼。

想像的地位

自我暗示可以完全控制我們的行為，它操作簡單、容易實施，任何人都可以掌握它。在介紹自我暗示的操作之前，我要先講一下想像的指引地位。

想像指引意志

過去的理論都告訴大家意志是無法戰勝的。但實際上，當想像與意志不一致時，想像總能戰勝意志。如果你不停的重複：「我不行，我要試著做點什麼去改變這個狀況」，那你就會相信你真的不行這一真理了。你不行的想像使你的意志力癱瘓了。

如果想像與期望一致，那自我控制就實現了，雖然想像與潛意識相似，但實際上想像控制著潛意識。因此，如果我們學會了控制想像的方法，那我們的潛意識就會支配我們的身體，使其按照我們的期望發生作用。

我認為除了訓練想像的最初階段，在其他階段的自我暗示過程中並不需要嚴格排除意志行為。因為這是意志的必要性（或者說可取性）的一種表現。但是其他所有自發努力都是有損於自我暗示的，他們肯定會影響自我暗示的效果。

分析那些意志堅強的歷史人物，如凱撒、拿破崙等等，你會發現他們都擁有著豐富的想像力，在他們的精神世界中，正是這些想像造成的暗示支配著他們的行為。

當然，這些只是瑣碎的問題。

努力轉變法則

現在回歸正題，我的朋友查理斯・鮑德恩曾提出過「努力轉變法則」：我們假設一個失眠病人決定使用自我暗示的方法進行治療，如果之前沒有人警告他，他將會反覆告訴自己：「我想睡覺，我馬上就睡著了」，這樣每次他都會因為哄自己入睡而筋疲力盡，這是錯誤的辦法。實際上，他的努力已經被轉變為一種違背初衷的力量了，最終的結果就是，這個人在床上翻來覆去，怎麼也睡不著。

暗示應該獨立地發生作用，不受任何阻礙。我們的潛意識經過一些目前還不能解釋的程序之後，就可以作出一些讓人們吃驚的事情。我們仔細回憶一下，我們是怎樣完成平時那些最簡單的動作的，比如你伸手拿一杯水，或者從香菸盒中抽取一根香菸，這套動作是怎麼完成的呢？目前還沒有人可以解釋這種現象，但大體上這是神經系統傳遞的關於暗示的命令，並且以大於光的速度將這種命令轉換成動作。

暗示的舉例

關於暗示的例子，在日常生活中我們可以找到好多。帕斯卡所舉的例子非常經典，讓我不得不再談一次。任何人都可以從一塊放在地面上的一足寬的木板的一端走到另一端，但沒有人可以從同樣一塊被升高到美國的摩天大樓之間的木板走過，即使走上去的也肯定會摔下來。夢遊者的例子卻告訴我們，夢遊當中的人可以成功的完成一些危險的事情，例如，他可以沿著屋頂的邊沿走動。如果這一場景被他的朋友看到，肯定會嚇到他們，而且如果這個夢遊者突然醒來，那麼他肯定會摔下來。

還有一個皮納德博士在他的《長壽的哲學》中曾講過例子：在晚宴進行中，廚師突然闖進來說他誤把砒霜當做調料放入食物當中！有一些客人立刻表現出了中毒的症狀，後來廚師發現他並沒有誤放砒霜，回來澄清事實後，客人們的中毒症狀又隨即消失了。

我前面舉的例子，都是為了證明想像或者暗示對人的身心所產生的巨大影響，這種影響是難以抗拒的。它決定著感覺、情緒和行為。因此，邏輯上我們可以得出結論，人類疾病的原因是因為自身的平衡被打亂，這種破壞是可以用正確的想像或者暗示治療的。

疾病中的心理因素

對於醫生來說，無論什麼疾病，心理因素都是不可忽視的。法國的一些醫療衛生機構分析得出，在治癒病人的過程中心理因素的影響非常大，在整個痊癒過程中心理因素的貢獻大約占到四〇％至五〇％。一個常常告訴自己「我好多了」的病人可以在更短的時間恢復健康，並且擁有更強的生命力。不斷進行自我暗示，我們的潛意識就會相信我們具有自我幫助的本性。自我保護的本能就是這種本性的體現。當一出現緊急情況，這種本性就會立即採取自救措施。當手指或其他地方受傷，血液就會從傷口流出，這就是我們獨特的潛意識。它監視並且支配著我們的行為、我們心臟的跳動、我們人體中每個細胞的活動。它是一部精密的器械，容易受到我們那些錯誤、混亂或者消極的想法的影響，而無法順利的工作。

有人認為印度的托缽僧很神祕。他們從兒時便開始學習如何利用人自身所具有的那些無法解釋的

力量，他們利用思想喚醒這些力量，因此他們確實做過一些神奇的事情，

我們不知自我暗示是否有界限。我經常問自己：「自我暗示的上限是什麼？」，可是我無法回答。我見過一些難以置信的治癒病例，這讓我無從推斷他的極限在哪裡。不過我堅持認為，自我暗示無法解決超出人類能力所及的範圍的事情。例如，一個人想像龍蝦那樣長出新的蝦螯、長出新的手臂或者腿就是非常荒唐的。

經過長期鑽研和訓練，有人可以掌握支配身體器官的方法。巴黎醫學院案例表明，有人能夠隨意志調節心跳，將心率從九〇增至一二〇，或者降到幾乎停止的程度都是可能的。

我在以後的章節中會談到有關自我暗示可以治癒的疾病以及其可以治癒範圍。那時我們將會明白，想像或暗示可以塑造我們的人體，就像雕塑大師琢磨他的作品一樣。伯恩海因曾說過：「暗示是一種可以轉換成行為的想像。」而我的觀點比伯恩海因的觀點更進一步，我認為：「想像就是一種行為。」

很多病例證實，自我暗示的方法可以治癒一些物理治療無能為力的疾病，無論是器質性疾病還是疼痛和外傷。就像卡爾諾特博士曾經說的：「打勝仗的士兵的傷口要比打敗仗的士兵的傷口癒合得快。」

我可以斬釘截鐵地說，只要進行恰當的自我暗示，無論什麼疾病（即使無法治癒），其症狀都可能得到改善。

要自覺利用自我暗示這種能力，首先，必須避免消極的自我暗示，這些暗示可能會帶來災難性的後果。其次，要自覺地形成積極的自我暗示，這樣有利於久病的人身體康復，有利於有錯誤傾向的人找到正確的道路。

Suggestion and Autosuggestion

第二章：潛意識——生命的寶藏

生命的法則在於精神的力量，無論是人類還是植物，體內都存在著這種精神。

神奇的潛意識

潛意識是人類意識中最奇妙的一種，它無所不在，它也可以讓能夠控制它的人無所不能。

你有沒有過這樣的經歷，第二天有一件很重要的事情，需要你在特定的時間起床，這個時間與你平時起床的時間完全不同，也許是二點、三點或其他任何時間，在前一天晚上你會計算好起床時間，然後在第二天你通常會在設定的時間睜開眼睛。

潛意識在適當的指導之下就可以影響任何事物。可能你希望第二天早晨五點這個並不是你平常起床的時間醒來，但一到時間點你會收到強烈的暗示，潛意識接受這種暗示後，即便沒有外在的原因，你也會恰恰在那一時刻醒來。你完全沒必要掏出手錶說再過八個小時就是五點，我要在那時候起床。無論二小時、五小時、八分鐘還是八百分鐘，都沒有什麼區別，在特定的時間，你肯定會醒來的。

你現在可以考慮一下，這到底是怎麼回事。潛意識可以使人在能力範圍之內無所不能，但這神奇的力量同樣也可以被那些錯誤的暗示利用，諸如恐懼、憂慮、懷疑、懊悔、空虛或是無力感等等。其實事情很簡單，人類遵循著有序且科學自然規律生活。

被肉體約束的精神

如同原始的野蠻人和耶穌基督，所展現出人類的非凡之處的不同一樣，植物與人類也是非常不同的。

為什麼我們的潛意識在無所不能的精神的指導下，還是會接受錯誤的暗示，還是會因為修復自身而產生意識性暗示？答案很簡單。植物種子所蘊藏的力量可以給我們啟示，是某種神奇的力量和自然生長規律共同影響著植物的生長。與此類似，人的成長也是受到某種神奇的力量，和人類的精神共同作用的結果，並且精神的力量與這種神奇的力量大小相當。

即使困在繭中的蝴蝶也具有這種潛力，這種潛力與發育完全的蝴蝶所擁有的神奇力量是完全相同的，但是它活躍的精神暫時被變化緩慢的繭束縛而已。人類也是這樣。

人類的肉體如同蝴蝶的繭一樣，會將精神束縛。那主宰著人的神奇力量，被人的肉體所限制，但這種力量最終是可以擺脫肉體的束縛而進入更高的發展階段，如同破繭而出的蝴蝶一般。在這個更高的發展階段，精神不再受到肉體的限制，幾乎可以無所不能。就像發射出去的無線電波可以被全美國的天線接收一般，這精神也可以遠行他方再即刻返回。在精神擺脫約束，我們就可以隨心所欲。

所以我們不能為表面的矛盾所擊倒，雖然這個矛盾與潛意識和暗示有關。我們要堅持發出暗示，就像想要接收廣播就要利用天線收集信號一樣。數以萬計的無線電波彌漫在我們上空，但如果沒有接收信號的設備我們也不能獲得資訊。所以想要收聽廣播，信號和接收設備必不可少。

所以要我們必須再明白自然規律的前提下利用潛意識。當肉體約束著精神時唯一能讓潛意識工作起來的方法就是透過暗示。精神約束於肉體之內，就需要借助肉體來發揮作用。我們無法想像精神脫離肉體之後會遵循怎樣的規律，能達到怎樣的高度。我們現在要做的就是要依照自然規律的要求，經過肉體來展示人的潛力。

潛意識怎樣發揮作用

潛意識如果得到正確的暗示，它就可以知道我們應該做什麼事情。它可以給你選擇合適的環境、合適的職業、最好的人生伴侶，並為你帶來無限幸福。潛意識可以掌握人類細胞的新陳代謝，激素分泌，血管、肌肉和神經的活性，它可以掌控一切關於健康與活力各方面的問題。暗示可以指導這些知識，使它們調節身體的不適。暗示經過感官發揮作用，它的變化與身體的產生、發展、成熟和消亡一致。人的自發性活動很大程度受到暗示的控制，我們稱之為「大腦意識」，它能進行演繹推理和歸納推理。

如果沒有其他衝突，主觀意識是會對所有的人體功能、狀態和感覺擁有絕對的控制權，這種主觀意識是與生俱來的。主觀意識控制著所有無聲的、無意識的功能比如營養、廢物、所有分泌物和排泄物、心臟的血液循環、肺的呼吸還有細胞的壽命、更替和生長；而客觀意識控制所有的自發性功能和活動。直到現在，那些大腦沒有進化的動物，還是只具備主觀意識，只能進行演繹推理而歸納推理的能力不強。但是牠們的直覺很厲害，可以用直覺的感覺代替肉眼的觀察；牠們在與其它動物交流時可以不經過肢體語言就能看出其它動物的想法。動物可以接受資訊並將其傳遞給在異地的其它動物，距離並不影響主觀意識的傳遞。這些被我們成為「心靈意識」。

在適當、健康、正常的生存條件中，客觀意識與主觀意識可以配合默契。健康幸福的生活方式就需要達到這種狀態。如果可以嚴格遵守自然規律，客觀意識和主觀意識就能彼此保持和諧相處。但是如果這兩種意識不能處於最佳狀態，就會導致精神失調、身體亢奮、功能性或器質性疾病。如果這二者始終處於和諧狀態，那身體就會健康，但是如果和諧的狀態被打破，那痛苦就會隨之而來。

這種狀態是靠暗示來調節的。我會告訴您，暗示是如何調節身體狀態，意識怎樣為我們所利用來減輕痛苦、治癒疾病的。

主觀意識在直覺的幫助下，就可以實現理解、推理、體驗和早期教育的功能。身體和精神協調的規律總會受到積極或消極暗示的影響，不論這種暗示來自自身還是他人，這種規律都無法進行歸納推理。所以，雖然潛意識可以絕對控制人體的功能和感覺，使之維持平穩和健康，但它仍會受到自身或他人的客觀意識所產生的消極暗示而，由此來改變主觀意識的活動。其後果是導致患病及死亡。

有些病例中的患者，在自己或他人的客觀意識所產生的積極心理暗示的指導下，使自己的主觀意識發生變化，病情逐漸好轉以致康復。

如果潛意識控制人體機能的說法是事實，那麼我們要做的就是透過心理暗示去改變潛意識，具體做法就是給病人提供有助於減輕、治癒疾病或者改變不良習慣的建議。

用個具體一些的比喻，潛意識就是一台控制人體的機器。消化是本能反應，你進食之後，體內有一位「化學家」，他知道你需要哪種物質，他可以幫助你將這些物質轉化為構成你身體的組織、肌肉和神經等。心臟活動也是自發的，它受到不睡覺、不疲勞、不忘記、不乏味的潛意識的控制。心臟活動總是與潛意識息息相關。所以在潛意識的監督下，人體的血液無時無刻不在循環著；呼吸器官無時無刻不在工作者；肝、腎和其它內分泌腺也無時無刻不在工作著。這些機器是如此繁的運轉著，但你卻察覺不到。

內科醫生告訴我們：總是想著身體的某一部分會使那一部分的血液供應加速，從而因為充血而產生疼痛。潛意識這個人體的指揮者，經由對器官直接發出資訊或者是改變循環，就可以使身體發生某些病變。

無處不在的潛意識

潛意識的力量很大，但是它經常被誤用、誤導，導致很嚴重的後果。

潛意識就好像愛情，悲觀的人可能會將神聖的愛認為是憎恨厭惡。如果你也這樣誤會潛意識那就會給你的身體造成傷害。

在現代社會，首要的事情就是正確理解和應用潛意識這個人類最重要的天賦。

無處不在的潛意識，填充每個縫隙，伴隨我們存在於整個時空的各個角落。

無處不在的潛意識，創造了宇宙，是永生的精神力量。

無處不在的潛意識，存在於人類生命中最微小的組成中，每個細胞、每個分子、每個電子都有它的身影。因此，潛意識無處不在，無時不在。

我們一定要學會運用潛意識。

百年前，地球上就存在著電能，但是我們不瞭解利用的辦法。現在我們知道了如何利用電能，這給我們的生活帶來了奇妙的變化。潛意識也如同百年前的電能一樣，有待於更深入全面的發現和利用。我們要利用潛意識來進行更偉大的創造。

潛意識能量是隱蔽的，眾人只能利用冰山一角。在沮喪恐懼時，我們應將這生命中奇異的力量啟動，釋放出一直被壓抑的力量，來改善我們的消極狀態。

啟動潛意識的關鍵就是暗示。個體精神狀態可以自發地對身體產生作用，就如同溫度對水的作用，低於零度或震動緩慢時，水的運動也是緩慢的；相反地，在加熱或者劇烈震動的條件下，水就會加速運動。

暗示是一種思想、觀點，它是一條通向潛意識的道路。潛意識是一個建築設計師，它塑造每個人存在和生活的方式。

潛意識控制身體中每個細胞的活動，它也控制人體細胞的組成、化學成分，它可以安排細胞的位置、改變細胞的化學成分，這些細胞的活動、構成可以影響潛意識，所以潛意識就是經過改變細胞來進行自我改變。潛意識透過控制器官的每個細胞來控制器官。所以器官就是精神期望（潛意識期望）

的基礎。

個體的潛意識精神狀態，就是使用心靈感應的方式來交流。所以當你潛意識中的工作計畫形成之後，若其中有需要他人完成的部分，則這些相關人士的生活就會受到你的期望所影響。暗示決定了所有的主觀感受，原因就是精神具有為個人目的和欲望創造條件的能力。

許多現實中不存在的東西會在各方面對個體產生影響，如同真實存在一樣。只要你相信它是真的，那它就可以變為現實。一些人可能會在醫院就診時收到醫生說的疾病診斷，如果你相信這個診斷，那潛意識就會開始對身體進行調整來應對這個虛假診斷。這樣思想就可以將並不真實的事情變成現實。

如我們所見，潛意識的工作從未間斷：構建、修復、生長、營養和調節身體，它盡其所能使人體脫離不良狀態。即使不能消除不良狀態，潛意識也會盡力弱化它。潛意識的源頭是純潔無瑕的，所以生命之河也是生生不息的；但如果恐懼或其他消極暗示注入潛意識的源頭，那麼生命之河就會阻礙重重。

Suggestion and Autosuggestion

第三章：自我暗示的精髓

自我暗示如同那些早已存在的山脈一樣古老，它並不是我的發現，大家只是不知道怎樣運用它。因此我們需要對自我暗示重新進行研究。

自我暗示是獨一無二的真理

對於那些不瞭解自我暗示（自我控制）的人來說，自我暗示的道理是非常複雜的。但如果可以對普通人普及自我暗示的知識，讓他們瞭解關於自我暗示的原理和機制，那對所有人來說自我暗示就是很簡單的事情了。自我暗示如同那些早已存在的山脈一樣古老，它並不是我的發現，大家只是不知道怎樣運用它。因此我們需要對自我暗示重新進行研究。

在很久以前，我們就發現了可被人們利用的自然界的力量，並且人類發明了利用它們的方法。而在思想和心理的領域，也是如此：我們每個人自身都擁有著神奇的力量，但是我們卻經常忽視掉這些力量，或者僅僅對這些力量有模糊的認識。

中世紀那些有輝煌成就的思想家們便知道了自我意識，他們認為思想、意念的力量是巨大的，這個世界由思想主宰，人本身也被意志左右，這種控制有好壞之分。暗示的作用就可以用精神對身體強大的控制力來解釋。

聖托馬斯曾說，頭腦中的每個思想都是對身體的命令，這種思想可以導致或者治癒疾病。這似乎是自我暗示最簡單的解釋方法。

畢達哥拉斯和亞里斯多德也曾教導學生們自我暗示，畢達哥拉斯曾寫道：「主拯救人們於苦難之中，並引導給他們瞭解可以自我控制的超自然力。」眾所周知，神經系統控制著整個人體，而神經系統的核心是大腦，它是思想的源頭。也就是說，大腦或者思想控制著人體的神經系統進而控制著人體的每個細胞、每個組織和每一種功能。所以我們可以透過控制思想來控制自己的身體機能，中世紀思想家就曾說過，思想也可以說是暗示，既可以引起疾病也可以治癒疾病。

亞里斯多德的理論更清晰的說明了這一點：「人行為的規律就是，頭腦中清晰地想像可以迫使身體服從它。想像控制著個體的感覺和知覺能力，這種感覺知覺能力又控制著心臟的活動，而且透過對心臟的控制啟動所有生命機能。因此，人體的機能是可以被想像改善的，但是我們一定要明白，想像的能力也是有限的，無論想像多麼清晰，它也不能改變一隻手、一隻腳或者其他器官的形態。」

我非常贊同亞里斯多德的這段話，因為它涵蓋了我的自我暗示方法的兩個關鍵原理：

一、想像是最重要的。

二、自我暗示的內容必須在人體的可能範圍之內。

有關這兩條原理，我將另外解釋。

但是，我們現在的人卻認為這些過去傳下來的真理既神祕又抽象，很難為大眾所接受。我希望我可以用簡明的語言，將這古老哲學的內涵和生命原理的實質告訴大家，如果成功，那麼我就可以從不計其數的康復的病人那裡找到快樂。

請先記得一件事，我的作用只是教授你們如何幫助自己和保持健康，而不是一個你們可以始終依靠的醫生。

而且我要告訴各位，自我暗示是沒有使用範圍限制的。我們既可以利用暗示控制和改善我們的身體狀況，還能運用暗示讓精神和心理能力朝著我們期望的方向發展，這一點在教育領域，就有很大的使用空間。

人的一生，都受制與暗示，我們設定的目標也都是由暗示決定的。我們自身只是受控制的工具，真正的統治者是暗示！現在我們要改變這種被動的情況，我們要掌握主動權去控制暗示。這就是自我暗示，我們把韁繩握在自己手中，成為它的主人。這樣對我們來說，除了違反自然法則的事情外，就沒有什麼是不可能的。

要如何駕馭暗示？首先，我們要瞭解意識的不同組成部分。人的意識其實是由不同的意識水準構成的，它包括意識和潛意識。過去，大家都覺得是意識控制著人的行為和力量，但是現在大家開始瞭解到，外顯的意識僅僅是冰山的一角，與強大的潛意識的相比，意識的作用就如同是汪洋中的一艘小船，無法經受疾風驟雨的考驗。

潛意識決定意識。潛意識是不變的、敏感的，它可以掌控一切，它能記住所有的事情和想法，無論是重要的還是無足輕重的。不僅如此，它同樣是靈感、創意的源頭；它具有神奇的力量，能夠產生意念，並將其轉化為具體的行為。如果我們假設，我們的各種情緒和身體狀況的出發點都源於潛意識，那麼我們可以推論出：我們大腦中產生的每個意念都有實現的可能性。

日常生活中無數小事例證實了這一點。當我們回憶可怕的事故或者恐怖的景象時，我們就會感受到痛苦或恐懼，這就說明了意念對情緒的作用。還有一個經典的例子可以讓你理解得更簡單、更深刻：想像你咬了一口酸而多汁的檸檬，你的口中即刻就會充滿唾液。道理其實很簡單：這種意念刺激到你的唾液腺，使它分泌口水。或者，想像鉛筆與石板刮擦的聲音，你的身體就會顫抖，臉部也會痙攣，你的神經把這種感覺從腦後沿著脊髓一直傳遞下去。

我們必須明確，生理和心理不可分離，身體與思維也不可分離。它們是相依存在的，是統一的整體。但其中發揮主導作用的是心理，它控制人體運轉。所以，潛意識可以使我們根據自己的意念改變身體狀況，實現或者遠離想要達到的目標。

我的意思是，根據這一原理，我們便可自由地將我們的意念加於自己的潛意識，這些意念決定了我們生理和心理的走向，而潛意識就如同一台永動機。將積極的意念加於潛意識是一件簡單的事情，就好像抱怨我們遇到的困難一樣毫不費力，而且因為這是符合自然法則的事情，所以那些進行自我暗示的人對其結果是毫不懷疑的。

自我暗示對道德的影響

上文講的是自我暗示與身體健康的關係。現在討論一下自我暗示與道德的關係。幾千年前就有智者說過：「從小教育孩子做一個正直的人，他長大以後才不會走歪路。」這句話是絕對的真理，而這句話所提到的「教育」正是將暗示注入孩子的思想。暗示有好有壞，這種注入會影響孩子的一生。

在後文我會詳細介紹如何科學的教育孩子，現在我要講的是暗示和自我暗示對社會的重作用。心理健康與生理健康的關係是極為密切的，同時它也可以促進全社會道德水準的提升。自我暗示有巨大的力量，他是社會進步重要的影響因素。

自我暗示想要得到普及就需要符合個人發展和社會改革的要求。自我暗示治癒身體疾病的同時，也在幫助我們改正本性中的缺點（無論先天還是後天），提高我們的智慧，增強我們的判斷力，支配我們的思維，以及補償我們的精神缺陷。如果可以改變那些危害人們健康的消極暗示，那麼整個世界就可以擺脫不良現象，走上和諧發展的道路。

心理素質和身體素質一樣重要

我們都知道身體素質的重要性，身強體壯是我們培養年青一代的要求，這對於國家的復興是非常重要的。但是心理素質也是不可或缺的，要正確、理智地思考都與它息息相關；它告訴我們能力有多大、該做什麼事情；它主動的工作，不做工作的奴隸。經由暗示和自我暗示，心理素質可以糾正我們畸形的道德，身體上的病痛可以被生理機能治好一樣。如同我們能利用體育鍛鍊增強肌肉力量一樣，我們也可以在心理和道德方面塑造我們的人格。

我認為，自我暗示在減少犯罪過程中的作用越來越大。我曾在幾個從小就有犯罪傾向的南錫孩子身上試用了我的方法，可惜由於他們被送到其他地區的勞教所，我沒能繼續我的實驗。儘管如此，我相信我的方法是成功的，法國的有關部門對我的方法也很感興趣，而我也願意繼續付出努力。我很希望可以用自我暗示的方法，解決美國的犯罪率不斷升高的問題。

暗示對犯罪行為的影響

大家都知道，犯罪行為是具有傳染性的，任何國家都發生過流行性犯罪，有過犯罪高峰期——這源於思想會受到暗示的影響。在法國，發生過一個列車搶劫案件，有報紙對這個案件做了詳細且篇幅很長的報導，之後的兩個星期內類似的案件就又發生了數起，犯罪手法是相仿的。這種流行性犯罪行為就是由暗示引起的。

最近在巴黎發生的怪事，它可以說明暗示與自我暗示的力量，並且也可以說明暗示能夠引起自我暗示。有一個瘋子用注射器給一位女士注射了一些引發局部發炎的液體。報紙進行報導之後的第二天就發生了兩三起類似事件。類似的案件不斷增多，有幾十人受害，奇怪的現象發生了：我們發現，暗示製造了「扎針者」時，而自我暗示也製造了「受害者」，一些並沒有被刺到的女生，因為想像這種不幸的事件發生在自己身上，所以相信自己確實被刺到了，並且還伴隨有刺痛感。這種流行性事件屢見不鮮，在路易十五時代就曾發生過。

還有一個流行性犯罪的案例，十七世紀有流氓強行將幾名婦女的頭髮剃光，同樣的案件在二十年後重演。

電影院也是一所犯罪學校，因為電影中的不良暗示會影響觀眾的思想。在我國，尼克卡特風格的電影就毀掉了很多年輕人。

我們應該將自我暗示引入少年觀護所，因為我們已經知道犯罪是由暗示引起的，由此可見犯罪也可以由暗示來減少。自我暗示在少年觀護所中有實施的機會：首先集體訓練如何進行暗示和自我暗示，是接受者的思想得到暗示，這樣接受者就會改邪歸正。其次將改正的人與未改正的人分離，暗示的影響力就會增強。

改正多年陋習

有人諮詢我沉積多年的陋習是否可以改正，答案是：可以。在長期暗示下，人的品格是可以被改變的。比如說無論什麼年代、什麼社會，都有很多具有奉獻精神和犧牲精神的人，這充分證明人的自我保護的本能是可以改變的（自我保護是人最強大的本能），因此也可以得出結論：暗示（或者教育）可以改變人的品格。

暗示可以改變不良本能

暗示對人的積極意識有著重要的影響，實踐證明它可以用來消除犯罪現象，也可以把眾多的流氓無賴轉變成正直善良、道德高尚的公民。年輕人由於頭腦靈敏、善於學習、想像力和聯想力豐富，所以非常適用這種方法，相關部門有義務讓年輕人接受積極暗示而過濾掉那些不良暗示。年輕人由於學習能力強，所以容易生成良性行為的意念，只要潛意識接受了這些意念，就可以對行為產生影響。

自我暗示的發展趨勢

放眼看一下自我暗示的發展趨勢是很有趣的。我確信自我暗示的理論基礎是牢固的，這為實際應用自我暗示提供了堅實的基礎。隨著自我暗示的原理被人們尤其是廣大醫療工作者認可，相信自我暗示必然會得到越來越廣泛的運用。目前還存在著自我暗示與醫學相抵觸的情況，所以自我暗示與醫學並不能說是完全一致的，也無法預言自我暗示在醫生的使用下，必然會發展成為一種最有效的治療手段。心理學研究在十九世紀末已經十分活躍，當時，利保爾特和貝恩海恩都是南錫市研究心理暗示赫赫有名的人物，當時還有一個專門研究暗示（或者自我暗示）的治療效果的學院，他們都取得了很多的成果。

心理學研究被唯物主義和宿命論阻止在之後的一段時期內，一直遵循著懷疑論和唯物主義的方向，思想只是大腦產品，物質決定意識。疾病是遺傳下來的，生病是因為與遺傳的作用，與遺傳進行抗爭是毫無用處的，所以我們對疾病毫無辦法。這種觀念使我們的哲學概念變得畸形，那段時間走悲觀主義路線的詩人大行其道，知識份子中間開始盛行懷疑和悲觀的情緒，並且這種情緒也在透過他們傳遞給向大眾。心理學正是在那時漸漸的與哲學分離開來。

在實踐中使用抽象的哲學理論對病人進行治療，反響很快就出現了。不久之後，在伯格遜和其他學者的努力下，一門嶄新的哲學誕生了，並且它更為輝煌和完整。這門新哲學揭示了潛意識所擁有的驚人力量，而這種力量是我們一直以來所忽視的。我只是想說，每個人都可以讓潛意識為自己的生理和心理健康服務，只要他善於利用潛意識的力量。雖然這門有著明確醫療目的的實踐哲學已經有了夯實的基礎，但其他學者會繼續發展這門哲學。現在我們必須承認，人腦所擁有的力量比我們之前所認為的還要巨大。暗示和自我暗示治癒疾病甚至治癒某些器質性病變的案例，證明了潛意識在治療身體的過程中的重要性。

自我暗示理論在實驗成功之後就已經足夠成熟，對各方面具有普遍適用性。巴黎開設了一所專門教授和實踐自我暗示療法的學校。自我暗示療法在那些具有熱情的醫生、學者和哲學家的領導下發展迅速，逐漸成為譯成大規模的科學運動，這場運動的目的在於尋求公平。我希望我們這樣的機構可以開遍世界各地。在紐約很快就會有一所。巴黎學校有一支長期的教學隊伍，這支隊伍由一群高素質的專家組成，比如我的學生，同時也是心理學院的教授：皮埃爾・瓦歇博士、韋希奧博士。他們最主要的工作就是教授關於暗示的知識，透過解釋和實踐的方法，來向大眾傳播看似神祕卻是每個人都具有的力量，也幫助患者利用暗示療法治癒自己的疾病。

因此，自我暗示逐漸成為了一門實踐性很強的科學，它將和社會學和教育學一起，在醫療領域佔有一席之地。我認為，類似這些實踐學校的研究機構在世界各地的成立，會極大地推動對人們對潛意識的瞭解。

應用心理學正在蓬勃發展，有著廣闊的發展前景，它教會我們如何更好地認識自我、悅納自我、控制自我，並利用大自然賦予我們的力量為我們自己的性格、健康、智力和心理的發展服務。

這門科學不僅讓個人因為獲得自制力而得利，整個社會也會因此而受益。有種說法稱醫生為「最後的魔法師」，但是如果我們能夠利用自己潛在的精神力量，就可以得到比魔法師還可喜的結果。應用心理學可以讓麻痹的智慧復甦，讓身體的機能得到重生，讓精神重新煥發光彩，讓人的本性得到昇華，每個人都有可能感覺到他的體內有股強大的力量，這種力量使人在精神上和身體上都得到了昇華，所以應用心理學的影響是難以估量的。

或許在烏托邦的夢想實現的那天，存在於我們身上的力量，就可以被輕易的認識和發現。或許在我們可以使用暗示的方法來消除犯罪的那天，監獄就沒有存在的必要了。同樣在那天，或許智力障礙的兒童也會變得正常、用心險惡的人也可以變成善良的和對社會有用的公民。

目前人們仍然沒有對自我暗示在醫療和教育領域的貢獻作出肯定，但也並不是毫無起色。相信不久之後，這門新科學就會在心理學、社會學和醫學研究中佔有重要地位。

也許自我暗示的研究和實踐，在美國比在歐洲會發展得更加迅速。因為很多美國人專程來到南錫市找我諮詢。在美國，時刻有很多的朋友和追隨者非常熱心於自我暗示療法的宣傳。這些追隨者是我們普及自我暗示理論的重要力量，所以我滿懷希望，這門科學可以在美國找到更廣闊的發展空間，更合適生長的土壤，比在我自己的國家具有更旺盛的生命力。

第四章：暗示的過程

Suggestion and Autosuggestion

你必須不斷的進行自我肯定，無論何時何地，無論是想法、觀點或是工作中的暗示，都是在我們的潛意識中產生。

如果整個思想都滲透著自我肯定的因數，那麼我們就可以在最短的時間獲得健康，否則如果想要達到相同的結果可能要花更多的時間。

無論什麼想法，無論出於什麼目的，只要你不斷的重複、不斷的強化，都能使你的思維有所變化。所以說最好的方法就是將你所期望的事情，比如疾病即將被治癒的信念，深深的植入你的大腦。

請慢速朗讀，並重複下面的話：

我思索生命

我思索健康

我思索力量

我思索活力

我在廣闊的精神世界中徜徉

我呼吸生命

我呼吸健康

我呼吸力量

我呼吸活力

我在廣闊的精神世界中徜徉

我感受到生命
我感受到健康
我感受到力量
我感受到活力
我在廣闊的精神世界中徜徉
我就是生命
我就是健康
我就是力量
我就是活力
我在廣闊的精神世界中徜徉

不斷重複這段話，理解這段話，直到牢記這段話。同時你要對這種治療充滿信心，信心越強，你的病就會好的越快。為此，你必須要每天重複很多次，直到它成為你潛意識的一部分。不斷地重複一個正確的自我肯定，你就能創造出一種最佳狀態，使你的願望變成現實。但是，如果從開始你就認為這種方法無法治好你的疾病，那這種不斷的自我肯定對你來說也不會有太大的效果。

你必須不斷的進行自我肯定，無論何時何地，比如散步、開車或工作時，都可以不斷的重複，而且在這種零散的時間進行效果會更加明顯。

如果你對這種治療還心存疑惑，那就盡可能的提高你重複自我肯定的次數，這樣你所期望的結果也會來得快一些。

自我認同

在進行自我認同時我們必須要遵守這個規則：進行自我定位時，要只針對你想實現的事情，不要涉及自己的本性、外部環境、其他事務、希望、家庭以及朋友。

要相信你會得到你想要得到的東西，如果你想要得到健康，那就肯定健康，思考健康，感受健康，呼吸健康，然後再次重複這個環節肯定健康，思考健康，感受健康，呼吸健康，最終健康地生活。

你想變得富有嗎？那就肯定富有，想像富有。

你想擁有友情、愛情、快樂嗎？那就不斷的思考友情、愛情和快樂；不斷地感受友情、愛情和快樂；不斷地呼吸友情、愛情和快樂；不斷地享受友情、愛情和快樂。

所謂「想什麼，有什麼」，就要努力想像那些我們所渴望的東西——成功、健康和快樂吧。

我要再次強調，無論你是在主動的還是被動的進行某種想像，都可以改變身體的平衡（而且積極的、堅決的意識，可以增強自我認同的強度，加速個體認同自我）。

神學院的院長布朗曾對學生說過：「不斷的禱告，直到你感到你已經是發自內心的願意做這件事情，然後再繼續禱告，因為這已經變成你的喜好。」同樣的如果我們不斷的告訴自己：「我感覺良好！」那最好你也會變成真正的感覺良好了。這樣透過自我認同來改變精神狀態，就可以使人體健康，它的進程是這樣的：我覺得快樂，這種快樂是精神的表現，但是身體健康又是精神健康的外在表現。所以保持愉悅的精神狀態，拒絕消極情緒，比如悲傷、痛苦、恐懼，不斷對自己說「我很快樂！」，以拒絕一切不快的東西。

在某些情況下你可能很難做到上面那樣樂觀，比如病得很重、很痛苦的時候，但是你要明白這樣做總比抱怨要好得多，你完全可以自由選擇生或死、健康或疾病，愉快或悲傷。自我認同是讓你覺得輕鬆、愉快的方法，透過自我認同來形成一種良好的習慣，習慣就可以讓一切變得簡單。健康的思考方式可以讓你保持身體的健康，自我認同會讓所有的問題緩解，讓所有對抗平衡，它可以讓你的生活變得美妙，在日常生活中它是如此重要。

冥想

冥想一段時間對於自我認同很有幫助，從某個方面來說，冥想就是在祈禱，冥想就是在認同，冥想就是在對願望進行強化，冥想就是為了得到你想得到的東西。成功人士幾乎共有的特點都是在每天花幾個小時靜靜冥想，來放鬆自己。

你可以同時多次進行自我認同，但最好按照一種確定的模式進行，而不是同時使用幾種模式，除非是用於思考同樣的事情。兩種截然相反的想法無法同時出現在潛意識中，所以最好每次都只全身心投入考慮一件事。比如說，如果你想擁有健康，那你就該專心的對健康進行自我認同。對成功、快樂也都一樣。重要的是每次都只對一件事情進行自我肯定。

我們也沒有必要想像一件事情是就一定要完全達成才可以思考別的事情，比如想要成功需要二十年的時間，那在這二十年中，我們還是可以思考一些別的事情的，比如健康、快樂等，我的意思是說一次只思考一件事，精神要集中。

比如說，你可以每晚睡覺時（自我認同的最佳機會是在你最勞累的時候），給自己的潛意識一個積極的暗示，這個暗示就可以深深刻在你的潛意識當中。再在每天早晨，給自己一個積極的暗示，這樣你的潛意識就可以佔據你的思想，甚至還可以拓展到更廣闊的領域中去。

在工作時間，你需要多想一些愉悅歡樂的事情，他們可以融入我們的潛意識中，這樣潛意識會將這些想法變為現實，獲得愉悅與歡樂。這時，你身體的每一個細胞都已經接受了那些積極的暗示，暗示就可以與你融為一體。

你可以在不同的時間進行不同主題的自我認同，可以是健康、成功或快樂，但一定要記住，在進行自我認同時一定要專注，心無雜念。

避免自私

無論我們使用哪種自我暗示的想法（可以是前面提到的，也可以是你自己找到的更靈驗的想法），把你的這個想法嵌入潛意識當中，然後「忘記」它，將注意力關注在其它地方。

這裡說的「忘記」，是指在你完全接受你的想法，達到自我認同之後，就不要再去想這個想法了。這樣做的原因可以用一個例子來說明：有時候你可能突然無法想起一個人名、一個位址或者一段經歷，無論你怎樣努力它就是無法回到你的頭腦中來，就像它故意在躲避你似的，但是當你決定放棄，即將忘記這件事情的時候，它卻突然閃現在你的頭腦中，讓你靈光一現，發出「原來是它」的感歎！

有些事情你越是努力就越會得到反效果。

所以當你接受了這些自我肯定之後，那就休息一下，不要再繼續重複。

如果你可以堅持日日如此，你的自我認同就會像催眠暗示那樣產生作用，因為它已經潛入你的潛意識，強大到足以指導你的靈魂了。

恐懼和自私可能是所有疾病誘因中感染力最強的兩個。自私既可以影響身體所有的器官，也可以介入呼吸、循環系統，以及人體的各項生理功能，它還能污染心靈，使人走入精神的萬丈深淵。自私就像壓縮機一樣將心靈的空間壓縮，結果就是其他的思想也無法進入。

就是因為自私的危害極大，所以我要求我的病人保持一種大健康觀、大成功觀、大富貴觀和大和諧觀。自私的人應該驅逐心中的小我，想想自己活著能為別人做些什麼，能為世界貢獻些什麼。這樣幫助他恢復健康的力量就可以大大方方的入住他的體內。

清理思緒

要做到前面所說的就必須遵循一個前提，即在進行積極暗示之前，要先將心裡那些消極的想法（包括自私）清理乾淨，扔進垃圾堆中。一個自私的人是無法保持健康或達到成功的，優秀的精神永遠無法植根於他的內心深處，他整個人都會處於緊張的狀態之中，就像被凍住的水管那樣水滴無法流動。擺脫掉自私，就像將水管解凍，讓你心中所想可以自由流淌。所以說，你想要進行積極的暗示，就要先理清思緒，如果想要進行成功的自我認同，那就一定要將自私永遠地踢出你的腦海。

「（自我）認同」即使之更堅定、更牢固的意思。想要得到最好的效果，在重複進行自我認同時一定要真誠、充滿信心，不能太緊張，以便將你默念的東西深深地刻進你的腦海中，這是為了取得最佳的認同效果，當然具體的方法還是要因人而異。

全心投入

進行自我暗示時，必須有足夠的自信、勇氣和力量。你越是重視那進入潛意識的追求，自我暗示就會越快的顯示出它的效果。

我曾說過，我們的潛意識就像一個善於服從的奴僕或士兵。

你每次進行自我認同前最好先這樣對自己說：「我的潛意識，請你給我健康和力量。」這裡的健康和力量可以替換成其他你想要的東西。或者對自己說：「我的潛意識啊，請讓我全身的器官都能正常地工作，請你參與到我的家庭、工作和社會的點點滴滴中去。」

如果你的願望是獲得成功，那就全心全意地要求成功，並且充分相信自己。如果你的願望是身體健康，那就全身心投入的去要求健康，充滿力量和自信。

你可以這樣想：我處於力量的中心，我的力量來自宇宙力量之源，那是一個能量中間站。憑藉我的天資、我的智慧和我的努力，我想要得到成功。我相信我的抱負一定可以實現！我的才華一定不會被淹沒！

有些老師告訴大家，最好每天重複自己的願望二十次左右，你自己掌握重複次數的多少。一般來說，人們習慣將自我認同唸出聲音來，因為這樣自己更容易接受自己的暗示，這樣他會更相信自己的願望可以實現。

簡而言之，我們要學會與自己的潛意識對話，就像和親兄弟對話一樣，我們越是強調，那自我暗示的內容就會越快越穩的進入我們的潛意識。

淨化心靈

淨化你的心靈，讓它像澄澈的清水那樣無瑕；諒解一切生靈，保佑他們日日平安；努力去愛每一個人，讓不好的情緒遠離你；每天都由衷的感謝你所擁有的一切；你頭腦中特別的想法要勇於展示，你的時間要合理利用，你的才華和力量要有適合的地方施展，你對他人的祝福可以實現；心中只有積極向上的思想，成功、健康和快樂；頭腦中永遠在思考、永遠保存有建設性的想法；時刻保持愉悅、慈愛、和善的情緒。

常常讀書學習，用精神食糧滿足你大腦的需求，時刻保持健康向上的心態，你就會比從前有很大的進步。

不可否認，大多數疾病是由不健康的心態導致的，你的大腦全部被這些不健康的心態佔據，沒有空餘的地方給良好的心態，所以你就必須在尋找到良好的心態後，將現有的心態從潛意識裡置換出來。不知道你有沒有察覺，在沒有焦慮、緊張、擔憂、懷疑的條件下進行的自我肯定會得到事半功倍的效果。

在臨睡前複述多遍你的積極的心態，放平心情，避免緊張和擔憂。在清晨睜眼前再複述幾遍，工作時間也一樣。這裡提供一個小建議，找一個安靜、沒有人打擾的地方，全心投入的將你的自我認同複述二十遍，這樣可以達到最好的效果。工作時間也要最少做到複述四遍。你所做的每一遍自我認同都應該有固定的模式，不能隨心所欲。

現在你知道了方法，那請你靜心細想，你該怎樣去做。

你的認同一定要忠於你的內心，不要任何懷疑。懷疑越多，對你思維的干擾也就越多。

讓自我認同能快些進入潛意識的一條捷徑，就是逐字逐句去研究進行自我認同的話語，這是很有必要的。

自我認同在安靜、無干擾的環境下可以更迅速更牢固的嵌入潛意識，但是如果實在沒有安靜的環境，多次複述也是可以達到理想的作用，特別是你的渴望極其強烈時，自我認同就會變得非常有效。自我認同在激情的作用下，效果會更明顯，它會深深的刻在潛意識中。

每天放鬆平靜的進行多次自我認同，知道你的自我認同被潛意識完全接納，藉由不斷地認同自己，灌輸積極的心態、思想，那些消極的、不良的思想在思維空間中就會被排擠出去。

尊重自然規律

由於自然規律的限制，精神治療也是有局限的。比如因為吃得過多而導致的頭疼，只能透過調節飲食才能解決根本問題。再如，如果手指甲長了，我們就會用指甲刀剪指甲，而不是考慮用潛意識或者意識來修剪指甲。相信每個人都可以明白這個道理，不需要過多解釋。

某些宗教的信奉者，因為他們的宗教沒有對健康、快樂和成功進行強調，所以自我認同對他們來說就不可能像保持個人衛生一樣那麼容易了。自我認同要達到淨化心靈的目的，就必須要建立在自然規律的基礎上。在心靈得到淨化之後，心中所有消極與不和諧的思想就都會消散。但是如果我們不遵守精神、軀體和衛生的規律，潛意識就不可能為我們造福。

對整體的暗示並不影響對部分的暗示，比如，你對自己說：「我的肝工作很正常，在各方面都和諧有默契。」但這種自我認同，最後還是有可能被暗示整個身體健康的的方法（既可以是自己實施又可以是外界給予的）來取代。不過這無關緊要，暗示整個身體與暗示某個器官同樣簡單。

現在大家基本都清楚了，多數疾病都是因為心理原因而造成的，這些心理問題多是長期存在於潛意識中的精神紊亂所引起。治療這些疾病有以下三種方法：

第一，用新思想取代舊思想。新的思想可以佔據大量的位置，將舊思想排擠出去。這是治療的開端。

第二，對潛意識提供與舊思想相反的思想，以此來喚醒沉睡的細胞，恢復它們的功能。

第三，給病人一個全新的印象，用新思想取代引起疾病的舊思想。

這些想法就被稱作暗示，多次重複這些暗示，就可以削弱心中那些帶來病痛的邪惡思想的力量，把它們從大腦中排擠出去，使思想煥然一新。

我們要將這些想法即暗示從意識中轉移到潛意識中，去抵抗已經存在的消極暗示。當暗示強烈到嵌入到潛意識中，治療的目的就達到了。所有的自我認同和治療都是經過同樣的途徑發揮作用的。

和諧是第一要務

我們一定要改變家裡或工作中的不和諧，絕對不與不和諧的音符妥協，要讓思想、生活、愛情、事業、地位、信仰等始終保持和諧。一個有能力的人可以在任何地方，無論是家裡、工作單位還是社會中都自覺地調整心態。如果你希望你的眼睛看到和諧的畫面，你的耳朵臨聽美妙的音樂，你的頭腦獲得有益的思想，但是恰逢此時不和諧的事情發生了，你就不可以默默的忍受，任由這不和諧打擾你的願望。

眾多事實告訴我們，消極的思想、不良的情緒等一切不和諧的事情都是有損健康的。

正在受疾病折磨的人們最難做到的就是意志堅強，他們很少有勇氣面對自己的疾病，並下定決心戰勝疾病。要補充一點，這一點前面有強調過，那就是要鼓勵病人勇於面對自己的缺陷。《聖經》有云：「人無完人（除了上帝自己）。」偉人之所以能夠成為偉人，很大一部分原因是他敢於直面自己的不足，並以驚人的毅力克服它。「最強大的力量莫過於可以控制自己的憤怒，只有可以控制自己的人才能贏得天下。」

你要努力避免譴責自己和憐憫自己。如果有四個原因讓你生病，相信你一定能夠找到一條以上！抓緊時間把他們揪出來吧！注意自戀、自憐、自責這三個最惡毒、陰險、狡猾的外在表現形式。

接受暗示所需的狀態

在進行冥想和暗示之前，病人一定要放鬆，去除一切緊張和壓力，並處於一種被動接受的狀態。最好是閉上雙眼，讓自己的思緒任意飄蕩，可以回憶美好的過去，可以展望光明的未來，可以以任何方式思考任何問題。

治療師應當盡可能讓這種安靜的心態保持十五至二十分鐘。不過這個時間並不一定要一成不變，要因人而異、因地制宜。

在這種放鬆的、被動接受的狀態下，通往潛意識的大門向我們敞開，新的正確的習慣取代了潛意識中原來錯誤的習慣。

平靜的大腦

進行暗示治療的最佳時刻就是身體完全放鬆、大腦十分平靜的時刻。請試著使用運用下面這些語句，或者根據實際情況再具體一些：

我宣佈要將這個計畫付諸實踐以實現我的理想，將這個具體到每一個細節的計畫一定可以完成，這是我個性財富的體現。

自然界中一定不會出現真空狀態，因為只要出現，就一定會被空氣填滿，這是自然界的一種「需要」。精神世界也是如此，貧窮和疾病就像空氣，行為、態度、思想或是別的形式的暗示就像自然界，若他們的某些地方產生真空，那貧窮和疾病就會乘虛而入，填補空白的地方。

暗示對需求有調整的作用，將暗示埋藏在需求中，孕育於感覺和現實中，並讓它在一般創造法則下得到加強，最終成為精神的主導。這種方法是最為靈驗的。

如果有噪音使你無法集中注意力，那可以用棉花團塞住耳朵。但最好的方法還是提高自己對注意力的控制能力，那樣無論何時何地何種聲音都不會再影響到你了。

總而言之，接受暗示時身體應該處於放鬆狀態，思想應該處於被動接受狀態。不管是身體還是思想的緊張都是內驅力的阻礙，所以在接受暗示前，一定要放鬆身體和精神。

在這種前提下，治療病人最好的辦法就是給自己描繪出願望實現時的美好景象。我們稱這種描繪為「形象化」，不過形象化能力強的人很難總是保持一種想法，因為他們的暗示過於豐富，以至於注意力無法完全集中。

暗示不一定非要照本宣科，完全可以用自己的話語進行，不過前提是你必須對你的願望有形象的概念。如果你想要身體健康，那就要將健康的樣子在頭腦中描繪的儘量具體、完善，形成一個鮮明的形象。如果想要成功和財富，在做完前面要做的事情後，你就需要在頭腦中給自己描繪一幅美麗的畫面：想像自己在工作上出類拔萃，生活安逸舒適，房子寬敞明亮。想像你正處在事業的巔峰，家財萬貫，盡可能的想像一切自己所渴望的東西。想像力越豐富越好，想像的範圍越廣闊越好，什麼都可以想。不要羞澀，不要害怕，要求你想要的一切吧。不要懷疑、擔憂、緊張你的要求，更不要有壓力。

避免懷疑和擔心

懷疑自己描繪的畫面，擔心自己想像的事情，那這些就變成了消極的想法，是不正確的精神狀態，它們甚至會變成效果正相反的暗示，推遲實現你的願望，更糟糕的是毀掉你所創造的一切。最好的辦法，是在你將渴望的事情形象化之前，要明確你渴望的東西是什麼。

在形象化的過程中，一邊描繪著願望實現時美麗的景象，一邊集中精力明確表達你的渴望（在你使用自我認同和暗示時這樣做）。要達到最好的效果，就一定要集中注意力。

在這時身心都開始逐漸放鬆下來，緊接著肌肉和神經也進入放鬆狀態，這使得意識處於被動接受狀態。無論你是否注意到這點，你都要相信光明的未來已經唾手可得。

第一，放鬆身心。

第二，調整意識，使他處於被動接受狀態。

第三，將想像形象化。

第四，將暗示和自我認同言語化。

第五，無論在進行怎樣的暗示或自我認同，頭腦中的可用空間越大越好（當你有想法之後），思想保持被動接受狀態的時間越長越好。

第六，如果你上面這些關鍵步驟已經全部做完，那麼暗示就已經嵌入你的潛意識中，根據暗示的原則，你下面所需要做的就是休息，不要考慮太多，尤其不要為結果感到焦慮。因為你已經盡力了，所謂盡人事聽天命，剩下的事情就交給天來安排了，這不是你可以幫忙的，要幫也只會幫倒忙。焦慮、貪心和急於求成會導致反作用，最終把事情搞砸。

調整呼吸

前面曾提到過進行自我認同時深呼吸的重要作用。進行自我認同時，那些恐懼、哀傷和疾病就會被規則的深呼吸擊潰，從而讓你靜心思考，得到想要的一切。這種方法每個人都適用。

「我是……」被認為是最好的自我認同的句式。

這一點是古代哲人和現代治療師所達成的共識。

「我是……」是一種普遍適用的自我認同，它能夠將難以表達的東西表達出來，並且統一和諧。有人認為，這種句式是個體的感悟、是自我的表達、是人性的宣言、是人與獸的本質區別、是自由的體現，這是對「意識控制命運」的肯定。無論我怎樣選擇，我說我是什麼，我就是什麼，因為我擁有無窮的力量，我才是自己的主人，沒有什麼可以妨礙我。

自行訓練

找一個舒服的姿勢躺下，做深度呼吸，然後開始想像：「我正在一個一望無際的水塘邊寫生，這裡的風景是在是太迷人了，絕對是一個定居的好地方。」清醒後繼續想像，我正在這呼吸著新鮮的空氣，為新的一天做準備，這真是一種享受，說「我是……」，穿衣服時也是一種享受，仔細端詳著鏡中的自己，想像著自己曼妙的身材，然後告訴自己我正變得越來越完美。

沐浴之後，記得像母親撫摸剛出生的寶貝一樣撫摸一下自己，一定要愛護自己的身體，因為這是神的傑作。你的身體是你自我的載體，他的每一部分都是神聖的，每一部分都擁有生命，我們要對他充滿愛和感激。仔細去感受你的身體，因為你的感受同樣會反過來影響他。用自我認同來喚醒你對生命、健康和快樂的感受，反覆的進行自我認同，直到你不再被違背自我認同的東西干擾，並且真正的感受到自我認同的精髓時，你就已經康復了。

在開始治療時，大腦一定不要被無關的思想打擾。這樣意識就可以迅速的在身體上發揮作用。如果每個清晨和夜晚都進行暗示，那你一定會得到生命的回報。伴著快樂入睡，快樂就會整天伴著你。

建議大家每天晚上都進行一次休息暗示療法，同時進行自我認同。每個人都有不同的需要認同的東西，選擇好，然後伴著她入睡。清晨醒來時，為新的一天再進行一次合適的自我認同。養成這種習慣，就可以自覺的對自己進行自我暗示。直到你無須再刻意練習，也能達到你心目中理想的狀態。

Suggestion and Autosuggestion

第五章：學會使用自我暗示

暗示是指一種指示、觀點、想法或別的類似的東西，它有兩種來源，第一它可以來自於真實的感覺，如聽覺、嗅覺、觸覺、味覺等，第二還可以來自於我們的內心世界，也就是我們平時所說的心靈感應。而自我暗示，是指自己給自己的暗示。

與自己對話

暗示種類多樣，但是在現實生活中，自我暗示是使用頻率最高的。

多數人會進行較多的自我暗示，一旦學會了自我暗示，就可以自由的支配身邊的環境了。從這樣的暗示中，每個人都可以得到進步。自我暗示的能力是可以培養的，記住步驟，一步一步的做，慢慢來，熟能生巧。如果自我暗示沒有成功，很可能是因為，你還不能熟練的使用方法。

我相信，想要運用好自我暗示，請一個治療師來幫忙是很明智的選擇，因為他可以直截了當的向你展示駕馭潛意識的方法。只是突發奇想的做些工作是不夠的，比如偶爾一個念頭或者從繁忙的事務中擠出一點時間，你必須要讓這個暗示嵌入潛意識中，當這個暗示可以引導你的思想後，你就成功了。必須對自我暗示有極大的興趣、熱情，堅持並且有規律地練習才會成功。

訓練專家認為，想取得明顯的效果，就要集中注意力，一次暗示要持續起碼二十分鐘，最好每天進行三十分鐘到一個小時的訓練，當然具體時間還是因人而異，因為不同的人悟性是不同的。

那些長年熱衷於自我暗示，並且對他毫不懷疑的人能夠克服各種困難，他們相信一切皆有可能。

就連致力於思辨和研究的哲學家們也相信——自我暗示能幫助大家完成願望。未來掌握在我們手中，我們的身體、外表也是如此。我們可以避免疾病的感染，一生健康。

我們的精神力量、記憶力都是可以培養的，我們的人格魅力也是可以提升的，我們可以變得更加勇敢，我們的感覺、胃口和心情也可以自如的調整，我們發展的任何新領域也是獲得成功的。

我們現在要做的就是要確定想得到什麼，想變成什麼樣的人，然後就認真的做各種準備去實現目標，透過堅持不懈的努力，成功終將屬於你。

沒有做不到只有想不到，告訴自己要做什麼，你一定可以成功。

佛利芒特曾對自己說：「我可以在洛磯山脈中找到一條路徑，讓大西洋和太平洋通上鐵路。」最後他成功了。拿破崙對自己說：「我可以翻越阿爾卑斯山。」最終他也獲得了成功。

偉人的成功給我們樹立了典範，這些事蹟同樣也可以成為我們對自己的暗示。當任務艱巨，責任重大時，學著拿破崙的樣子對自己說：「我可以翻越阿爾卑斯山。」然後義無反顧的去拚搏，向世界展示你的勇氣和決心，有著不達目的誓不休的精神，相信你一定會成功。

自我暗示實際上就是與自己的潛意識交談，只要堅持與自己坦誠相見，相信一定會發生奇蹟，你的命運也會最終得到改變。

與自己對話，也是尋求自我改變的一種方法。之前我們提到過潛意識是無所不能的，他完全有能力解決我們的問題。可是我們無法搞清楚到底發生了什麼事情，這超出了我們的理性所能解釋的範圍。

自我暗示的案例使我們更加深刻地理解「失敗是成功之母」這句話的含義。生病可以治癒，失敗者可以從頭再來，絕望者可以再度自信。垂死的人因為自我暗示而又回歸生活，並可以完成多年的心願。自我暗示的神奇作用我們只說了皮毛。

有的人可以組建商業財團，運營銀行，開掘礦山，開發鐵路或其他重要的事情，有的人可以建立各種慈善的、充滿愛心的宗教性的或政治性的組織，有的人可以建立學術協會，創建盈利的合法公司。以上這些事的成功，都是以人的能力的無限可能性為基礎的，最簡單的辦法就是告訴自己：「我沒問題」。

無論我們置身哪裡，甚至是其他星球，也都不會影響我們，我們是完全自由和獨立的。現代天文學告訴我們所有星球都有引力，這使我們遠離宇宙的冷風，不過即使暴露於宇宙中間也不可怕，因為我們有衣服呢，任何星球的惡劣氣候，都阻止不了我們，只要我們告訴自己：「我沒問題，我可以」，那我們就一定可以取得成功。

真誠，信任，堅持

科學家和心理學家都認為思想是無所不能的。心理治療師也認為，環境和遺傳造成的阻礙並不是那麼重要。而精神的缺陷有可能會成為一種天分，自我暗示的規律可以決定成功還是失敗，貧窮還是富有。

利蓮女士用詩意的話語重述了這一概念：每天清晨，我們就與神奇的力量牽手，這種力量主導著生長和創造，他像萬有引力定力一樣確實的存在著，我們是不是可以總結一個牛頓精神定律呢，那就是「精神可以創造環境」。

時常對自己說：「我行，我沒問題。」而不是說：「我試一下，但不知道會不會失敗。」我們要學會相信自己，發揮你自己的力量。

無論是對自己還是對別人進行暗示，你一定要讓自己的自我認同比懷疑的力量更強大，否則得到的結果就會混亂。

如果你對正在進行的自我認同或者自我暗示持懷疑的態度，這樣的暗示會把你要肯定的東西的相反面刻入潛意識中，那出現的效果就不僅很明顯，有時甚至可能出現相反的結果。

要想自我暗示取得好的效果，一定要真誠，信任，堅持。然後將你的願望放入你的潛意識中。

放鬆的心態

自我暗示是環境與暗示治療的環境有所不同。做自我暗示時，需要一個沒有打擾的時間段，取一小時較為合適，在一個安靜的地點，心態放鬆，寧靜。時間可以由著你的喜好，可以是清晨，可以是傍晚，可以是正午，也可以是深夜。但理論上普通人的最佳時間，就是自我暗示最容易嵌入潛意識的時候——入睡前和清晨剛醒來時。當然這也是因人而異的。

任何定律都不是普遍使用的，訓練自我暗示所用的實際就是有例外的，有的人接受暗示比較快，有的人接受暗示就比較慢。

一種暗示訓練的思考和行為習慣，對於其它暗示的思考和行為習慣會產生影響，而且這種影響比暗示之間存在的差異更顯著。

無論何時何地，放鬆的心態是你進行暗示之前首要做的事情。以你最舒服的姿勢躺在沙發或者床上。最好每天使用同一張椅子或床，在同一個時間，安靜的環境裡，持續進行自我暗示，就可以取得事半功倍的效果。

有人說自我暗示時不要放鬆過頭，最後睡著了，但是我不這麼認為，我覺得累了休息是很有必要的事情。所以即使睡著也是有一定功效的，你可不要以為我是在說人在很累的時候進行自我暗示的效果好，我的意思是，只有休息好了，才是進行自我暗示的最佳時間。所以如果你覺得累了，那就不要猶豫，去睡一覺吧。

無孔不入的力量

經常有人問我，如何與自己對話，我的回答是：就像與普通人對話一樣，有時甚至可以像老闆一樣命令它，催促它，讓它去實現你的願望。

對你的夢想付出的努力越多，想要實現它的需求就越強烈，這樣暗示的效果就越好。還有一種讓潛意識接受你的暗示的方法，那就是大聲喊出你的願望，讓你肯定自己。

很多人都使用這種方法把自己的疾病和一些看似無法改變的問題治好了。不過這種方法並不值得提倡。

其實實踐上的作用，才是暗示最大的價值所在。暗示的過程決定了暗示的性質，是祝福還是詛咒。但是你在運用暗示時，要心中充滿陽光，它是無孔不入的力量，會滲透到各個角落，不可躲避。暗示像所有自然定律一樣，都是為了造福人類的，但同樣也是一把雙刃劍，如果你不善用它，它會讓你的生活變得一團糟。

行為是最有力的自我暗示

自我暗示的領域裡，有一個重要名詞還沒有介紹過，那就是行為。

行為可以算得上是最有力的自我暗示，它們可以相互影響，先由思想產生暗示，再由暗示知道思想。人類的力量付諸實踐就產生了行為。大家都明白，是你的行為傳達了你的力量，同時又獲得了更多的力量。

即便這一開始是一種完全機械的行為，你也並不熱衷於這樣做，甚至還有抵觸情緒，但也要對自己的行為保持積極樂觀、自信寬容的態度。

當你悲傷時，請對自己笑一笑；當你想要逃避時，請告訴自己要勇敢；當你覺得煩躁時，請讓自己平靜下來。但是無論如何，強迫的結果是無法與真心流露的結果相比較的。

狡猾的感覺

大家應該都有體會，感覺可以帶來力量。即使是想像出的感覺也可以產生真實的效果。如果你不斷的進行一種行為，這個行為產生的感覺也就會隨之而來，感覺與行為如影隨形。

如果行為改變，感覺也會隨之改變。如果你的情緒變憂慮、憂鬱、憤怒為快樂、平靜、自信，停止原有的感覺，去感覺你想感覺的東西，你會發現你的情緒真的改變了。

不過將情緒由憂慮、憂鬱、憤怒轉變為快樂、平靜、自信不是那麼那麼容易的事情。消極的習慣會阻礙你的改變，「感覺」是你迎來完美自我的最大門檻。感覺擁有強大的力量，不過它於觀念的界限還很不明確。

同一幅圖畫，第一次你可能只是覺得它漂亮並不會被它感動，但之後的某天，你看到這幅漂亮的圖畫而感動的掉下眼淚，因為你感覺到一些東西了。

你常會有很多主觀感受，比如這個人很兇殘，今天會下雨。

感覺可以說是觀念極端化的結果，它讓你激動，讓你工作動力十足。感覺的力量也是把雙刃劍，利用得好就會帶來好的結果，推動你的願望實現，甚至可以只憑藉你一個人的力量達到目的，若是利用得不好，那就會帶來糟糕的結果，如果你的判斷力和意志並不強大，它就可能會將你推向不可抵擋的毀滅深淵，什麼時候的感覺的力量變得十分強大，你就要準備去與他抗爭了，這樣的感覺每次都會讓你充滿像去掘金一樣的激情。

我們經常被感覺支配，這種支配甚至超過我們的想像範圍。很多成功人士共有的特點，就是他們可以自覺的控制那些不良的感覺，比如易怒、厭煩等等。還有那些看起來很難控制的感覺：憂慮、緊張、悲觀、嫉妒、自負以及忍耐力低。

一定要清楚你想要得到什麼、想要抵抗什麼，在這些方面一定要使自己服從自己的感覺，因為感覺可以讓你在這條路上走得更加順利。你總是「試圖」做那些習慣了的事情，其實這正是你的感覺，除非你有足夠的把握，不然你不會放棄這種感覺。

感覺不僅具有強大的力量，它同樣相當狡猾，具有欺騙性和多元性。它會使你的理性迷惑，使你的判斷混淆，使你的精神世界扭曲，使你的行為違背你的期望。它可能會經由不同的途徑、不同的方式為難你，難以防範。一定要提防它，它會讓你異常堅定，無論怎樣都不改變你的惡習。這種堅定會蒙蔽你，讓你過於自大，最終導致你的失敗。不過你總會發現，加害於你的是什麼，然後開始反抗，因此你並不會輕易消沉，而是重新站立起來。你不會被輕易打敗，因為你已經形成了一種用你的理性、判斷力和意志力來控制你的行為的能力，已經有了保護自己的能力。這時你可以對「感覺」說：「我不再受你的控制了，現在你是我的奴僕。」這可能是人類所能贏得的最偉大的勝利了。

精神指導

這個時代最偉大的導師告誡過我們：如果一個人想要控制命運、他人和環境，首先就是要控制他自己。

進行自我暗示時都要有一種精神做指導，這種精神也是偉大的導師告訴我們的：「無論你希望什麼，只要你真正接受了這種想法，那就一定會實現」。

心理學中的定理可以解釋這一現象：心中的渴望與意識產生的真正結果一致的。渴望與希望是共生的，自我暗示既可以增強意識中的渴望與希望，也可以增強潛意識中的渴望與希望。

專心致志

在進行自我暗示療時中，每次與自己交談的時候都必須專心致志。或者這樣說，無論你進行什麼事情都一定要專注。所羅門說過：「追求真理的願望應受到贊許。」對於真理的追求就是正當的，要將這種追求藏於心理。一定要將注意力集中到你的自我暗示上面，注意力越集中，你的願望就會越快實現。懷著信心，注意力高度集中的去進行自我認同——忘記你進行的自我認同，讓它印刻在你的潛意識中——不要再去考慮它。這就是自我暗示的訣竅所在，是成功的試金石。

有些人每天都與自己交談，這種做法有些過猶不及了。他們不由自主的說一件事情，累卻無法控制，精神和身體都疲憊不堪。他們的這種行為與原本的願望抵觸，卻深入了他們的潛意識，使得潛意識陷入迷霧與沼澤。這就使我們的潛意識迷惑了，我們真正的暗示是什麼？要麼是將病人嘴裡嘟囔的囊括了進去，要麼使病人太疲憊以至於失去了作暗示的力氣。

避免干擾

對自我暗示法則的信任一定不可以被破壞。不可以讓任何人改變你的目標，健康、成就和快樂才是你的目的。不要被別人潑的冷水澆滅自己的希望，因為你越是消極、失望，就越容易受到攻擊，如果這樣，想要繼續進行自我治療就很困難了。

比如說，一個小孩子撞了頭，跑去向媽媽哭訴，如果媽媽對他說：「我的寶貝，這下可真撞得厲害！可憐的孩子，快給我看看，給我看看。」那孩子就會哭得越厲害，因為這話加劇了孩子的心理痛苦。

如果真的撞得很厲害，然而這個孩子的母親學過心理學，那麼這位母親的反應將會是這樣的：她不會對這件事情表達傷心，而是親吻他的傷口，告訴他：「就是撞了一下而已，沒傷到什麼，依然可以蹦蹦跳跳的啊，一切都會好的。」這樣孩子就會破涕為笑，雖然他的臉上還掛著淚花。

一定要記住，心想事成是真理，所以不要接受來自別人與你願望相反的想法，一定要相信你自己。

這個孩子的例子可以類推到達人身上。不停的談論你正承受的痛苦，就會強化這種不愉快，使你更加痛苦。如果你周圍的人不理解這種心理學，那就請你自己找個安靜的地方，來尋求一種平和、寧靜和沐浴在愛的海洋的感覺。要一直強調我感覺很好，我很快樂，我身上所有的器官都工作正常，我很強壯、和諧、健康。

繼續，不要在這裡停下，你會發現你已經達到一種平和的心理狀態，隨之而來的是身體的放鬆。糟糕的局面難免會發生，你的心情難免會烏雲密佈，生活也難免會枯燥單調，如果你越是抱怨這些，那你的生活就真的無可挽回了，如果此時別人也隨之附和你，那情況就更加糟糕了。離開那些從不鼓勵你，讓你無法積極向上的朋友，找個安靜的地方，平躺下來，不墊枕頭，上肢水平伸展，深呼吸，不斷對自己進行積極的自我暗示。

樂觀的心態

我的精神世界非常充實，所以我感覺我自己非常富足。我覺得自己富足，只談論自己這種富足的感覺，那麼最成功就會來到我身邊。

我們的所有願望都是可以達成的，現在我可以擁有並享受著富足、快樂和充實，他們是我的財富。我是所有財富的源頭，我的身上流淌著財富的血液，我的願望被徹底的滿足。

任何不利的環境和條件都可以被克服，只要能夠控制自己，那我們就可以取得成功。

我們要擁有這樣的信念：我是無所不能的。
我擁有的力量可以解決所有我遇到的困難。
我可以主宰自己的命運，戰勝任何困難，得到一切我想得到的東西。
這種積極樂觀的精神，讓我輕鬆、健康、快樂、富足以及和諧。
我善於利用身邊所有的東西，發揮他們的價值。
精神上積極的力量鼓勵我完成每一件事情，我擁有一個人應該擁有的所有的力量和勇氣，我決不屈服。我是強大的、成功的、快樂的。

如果你有積極樂觀的信念，那麼自我暗示就可以將主觀思想訓練成忠實的僕人，為你所用。雖然我們對於人體的細胞和器官還不太瞭解，但是我們可以透過自我暗示給它們力量和勇氣，我們必須相信它們，讓它們完成自己的任務。一定要確保此時你的思想沒有收到干擾，因為一旦潛意識記住這些干擾思想，形成了相反的潛意識，那後果就嚴重了。

一個長期受到慢性疾病折磨的病人往往會形成絕望的態度：「我覺得我不可能康復了。」就像在黑暗中尋找東西的人一樣，卻始終背對著月光，在自己的影子籠罩下漫無目的的找尋。他不相信是自己將月光擋在身後，而使得面前一片漆黑。這種人就開始所提的那種人，他們記住了干擾思想，形成了與願望相反的潛意識，造成了不好的後果。

有的病人說：「我無時無刻不想著自己的疾病，沉浸在沮喪和不安中無法自拔。」這些人由於自己的病痛，而養成了關注自己身體變化情況的習慣。然而這種習慣又反作用於他的病痛，造成了惡性循環。

但是如果在這種情況下能夠保持積極向上的心態，這樣就可能給自己的身體一個機會，迎來意想不到的好結果。你可以對自己做如下暗示，並讓這種暗示深深的印刻進你的意識當中：「我會康復的，我會康復的，我正在逐漸痊癒。我的力量足以克服這點困難。我沒問題。」

沮喪、恐懼、擔憂、不安是最壞的思維習慣，必須將它轉變過來。我們是有能力控制自己的思維過程的。思想可以收環境的影響，但不能想當然的認為思想決定於環境，我們一定要有解決困難，超越自我的力量。

堅持就是勝利

自我暗示的成功之路是沒有捷徑的。所有的行為心理學家都警告大家：不要妄想，不要幻想奇蹟，失敗由此而起。有些人因為徹底的失眠和不停地考慮付出了慘重的代價，他們容易放棄，搞得自己身心具疲，他們無法堅持走過人生中一條窄窄的、筆直的路。自我暗示要警惕惰性。

大家都有感覺，有時成功與失敗很難區分，他們之間的界限並不明顯，但是這條淺淺的分界線確實存在著，它就是暗示與自我暗示。

大家都要杜絕輕易的放棄。你要明確自己的目標是什麼，自我暗示最關鍵的時刻就是你覺得沒什麼可自我暗示的，或是你覺得暗示了半天卻不見成效，因為當你很失望，準備放棄的時候，正是最需要堅持的時候，此時千萬不要放棄，過了這個瓶頸期，成功便屬於你。

潛意識服務於意志，我們對潛意識的訓練時間越長，頻率越高，那它產生效應就越穩定，效果也越明顯，這就如同練習鋼琴一樣，鋼琴家必須天天練才能保持熟練和敏捷。

主觀控制力

「主觀上的控制力的培養可以激發人們的自信。在思想的過程中，消除恐懼與不安才會不容易使自己受到傷害，你不能整日生活在恐懼和焦慮之中。一定要保護好自己的內心，使它更加強大，因為它可以使你的身體保持健康，使你的心靈純潔無暇。」

客觀思維中的每一個想法都可以成為自我暗示，並且影響主觀意識，最終導致身體與精神發生變化。我們該想什麼，不該想什麼的問題也隨之轉變成為我們該把最多的熱情和注意力放在什麼上面。

無論在主觀還是客觀思維中，自我暗示的最大障礙在於：「我不相信這能完成的了。」我們要再次強調暗示要經過多次的重複才能達到效果，且與暗示相反的干擾會產生妨礙暗示效果的作用。想要給自己建立和培養主觀控制力的機會，就要抵制其干擾作用的暗示，所以你還不如對自己說：「這一定管用。」

在以前提到的慢性疾病的案例中，病人會出現對自我暗示的懷疑的情況。這種懷疑被多次重複，導致這種不健康的狀況和沮喪的情緒就一直持續下去。更有甚者，會和每一個相遇的人哭訴他的病痛。在每次哭訴後，疾病的狀況就變得更加糟糕，病痛無法減輕的信念就更加深了。在這樣的暗示下病情只會加重，人體自身的自癒能力無法發揮，這抵消了醫生和護士的努力。不同的人受到沮喪、恐懼、不健康的情緒的影響大小是不同的，有的人直接中招，毫無躲避能力；有的人則可以置身其外，對不良情緒並不敏感。

大家都明白，不同的人對疼痛的忍耐程度是不同的，這與很多因素有關，其中最主要的就是注意力的集中程度。越堅定就越不容易難受到影響。我們可以首先用客觀思維來訓練堅定的信念，最終使它發展成為主關思維。在危機狀況下，主觀思維是主要作用，客觀思維是輔助作用。要使感受力極為敏感，集中注意力就是首要條件。但是有些人卻將這種注意力放到對疾病的感受上，那定然會感受到最細微的疼痛，這會對我們的身心造成極大的影響。

自信

對思想開放、不輕易對事物產生偏見的人來說，可以透過理解世間每一種事物的真正意義，來增強他自己的信念，這種理解是站在秩序、和諧、邏輯和科學的角度來進行的。現在我們都清楚了，我們擁有無限的力量，這種力量是萬能的，無論疾病還是健康、貧窮還是富有、失敗還是成功，都受到這種力量的控制，這種力量受到某種規律的影響，又會反作用於這種規律，這些人清楚的知道這不是神奇蹟，也不是什麼神的旨意，而是他們自己的力量。

你自身的「我」經過暗示與思想中的「我」發生作用，控制著人的細胞、器官進而控制著整個人體。給自己足夠的激情和信心，這種暗示就可以發揮驚人的作用，我們可以利用正確的暗示來使自己康復，就像接受不正確的暗示之後會導致疾病一樣。

全心全意的來治療自己，一定會取得意想不到的效果。

自我暗示其實並沒有什麼特別的，它僅僅是讓你的本能意識為你服務，告訴你的本能意識該做些什麼，以此來創造成功的條件。

就像命令一個控制你身體的外人一樣，大聲命令自己的本能意識，告訴它你希望它做什麼。以最大的熱情把命運置於你的掌握之中。充滿激情地對你的本能意識說：「本能意識，我要你為我服務，我要徹底剷除這令我鬧心的麻煩。我正在吃的食物營養豐富，我的胃，你開始工作吧；我正喝著清涼的水，沖刷淨我體內的廢物吧，使我體內的循環恢復平衡；我正在呼吸的空氣，燃燒我體內的廢物吧，讓氧氣充滿我的血液。我的本能意識，請你加油。」將這段話在你思想中重複，然後坐下來靜靜的等待它開始工作。不斷告訴自己：「我的身體在慢慢康復，我正變得越來越強壯，所有人都將見證我的健康」，等等。請快去按照我的說法試一下。

失敗的原因

自我暗示是一種自己對自己進行治療的方法，但它並不總是能發揮作用，導致他失敗的原因有以下幾點：

首先，並非所有人都能使自己的暗示強烈到從意識狀態進入潛意識狀態，經常一個小失誤就會將恰恰相反的暗示放進自己的潛意識，導致一切努力都付諸東流。

其次，人們投入過多精力在能否實現自己的夢想。因為我們的注意力都集中在這上面，於是對這事就格外在意，總是出現各種情況的擔心，從而抱著這樣的想法：「夢想可以實現嗎？我似乎並沒有多大的長進嘛。」所有的精力都集中在這個矛盾上，自然會影響暗示起作用。所以當務之急是要在給自己或別人進行暗示後，馬上忘記它。要試著在沒有協助的情況下實施暗示，這對那些悟性高的人來說很容易，但是對那些自己的信念必須借助別人的幫助所激發的人來說，還是有一定困難的。

第三，想像力不是所有人都可以控制的，很多人難以法想像出自己所渴望的完美健康，有些人無法想像出疾病、災禍等反面的事物。

多次重複

在進行暗示的過程中，絕對不被認為的影響分散注意力，是最好的暗示和自我暗示的必然要求。

可以讓病人躺在舒適的椅子裡，閉目聆聽柔美的音樂，全身放鬆，就是那種即將入睡的狀態。

病人應該在暗示的過程中處於完全安靜的狀態。這整個過程中，他可能都處在將睡未睡的狀態，雖然能聽見治療師對他說的話，可是卻沒有聽進去。

暗示開始時，治療師柔聲告訴病人放鬆，進入即將入睡的狀態，此時是被動接受最好的狀態，之後進行正式暗示，用輕柔的聲音告訴病人，關於他的症狀和病因的相關暗示，無論他們是否已經瞭解過，治療師要進行的還包括對身體和精神健康的暗示，但是一些更深層次的暗示則要透過病人自身給予。如果進行自我暗示成為病人每天睡前和醒前必做的事情，那麼他就完全有能力幫助自己。每次暗示持續時間為一小時左右，每隔五—十分鐘進行一次暗示，在暗示之前要給病人解釋暗示的內容，在進行暗示期間讓病人躺在椅子上，處於即將入睡的狀態，雖然似乎並沒有聽進去暗示的是什麼，但是他的潛意識已經接受了這個暗示，而且這個暗示也開始發揮作用了。因為我們已經提前對暗示的內容進行了解釋，所以這一個小時的實際他完全可以睡著，並不用處於催眠狀態。

暗示都是透過這種方式進行的，被動接受狀態是所有接受治療的病人都會保持的狀態，無論怎樣寧靜的感覺會始終伴隨著他，有的病人說這種感覺是他從未有過的。這種放鬆的狀態本身就有特殊的治療效果，有一位病人的話就是：「這就像一次濃縮的休息」。暗示後的幾個小時，大部分病人都可以自如的運用自我暗示了。我前面已經多次強調自我暗示作為一種被動接受狀態，在每一次治療中都不應該延長到一分鐘以上的時間。

因為在暗示之前已經對其進行了解釋，所以這種暗示就可以有持久的效果。在自我暗示顯現效果之前，基本上所有病人都需要來自別人的暗示幫助。原因是明顯的，暗示其實是一種社會屬性，人首先對他人有暗示能力，第二步才是對自己有暗示能力。

暗示與自我暗示同其他精神治療一樣，最重要的就是「重複」。如果治療沒有使你康復或者沒有使身體維持現有的健康，那請你首先檢查你是否已經多次重複你的暗示內容了。

每個人交流的方法不同，有些人可能每天只與他人交流幾分鐘，有些人每天都會對潛意識多次重複暗示與自我認同的內容，有些人認為要堅持進行暗示，兩周、三種甚至是一個月或幾個月。但請記住一定要多次「重複」，一次失敗不要氣餒，要繼續進行第二次、第三次，不斷的重複、重複、再重複。

這科學的準則是符合邏輯的。愛、和睦、友情、兄弟之情、父子之情都始終伴隨著我們，幫助著我們，指引著我們，我們的健康、富足和快樂都源於此。這些精神已經與你融為一體，始終與你並肩作戰，所以請接受它們，相信它們，它們定將對你不離不棄。

Sugestion and Autosuggestion

第六章：日常心理暗示療法

有些人認為靈魂屬於上帝，所以否認消極心理的影響。但是我不能因此而完全否認心理暗示療法，我們可以列舉一些心理暗示療法的案例。

各種療法淺析

一般說來，積極暗示療法有四種：

方法一——正面法；

方法二——負面法；

方法三——半負面法或半正面法；

方法四——正面後法或負面後法。

治療輕度不適、身體虛弱為特徵的疾病，使用否定疾病本身的，就是負面心理暗示療法是很有效的，已經治癒了數千名患者。還有一種更有效、合理的純科學方法就是只是承認人體疾病本身，正視疾病，但是僅僅針對疾病本身。

十九世紀下半葉，是心理治療的第一個階段，其中一個有力的主張就是「神聖療法」，但它同時也體現了舊式方法的不合理。他的主張如下：「有一個人一直受到頭疼的困擾，但那所謂的頭疼其實只是潛意識中的錯覺，並不真實。」這位作家著重指出：對於所有你所不希望的事情，你都需要拒絕。對於那些因為意識作用而無法區分主觀與客觀情況的人們，這種方法是非常管用。而對於感冒這類問題，最有效治癒方法就是矯正治療——這與那種會給我們身體帶來不適的心理暗示療法截然不同的方法，將這種療法的消極方面擱置不談，大多數情況下，它是非常奏效的。但是對於某些精神官能症症狀的人來說，使用半負面心理暗示療法能更有效的緩解和消除症狀。

例如，對於剛剛涉及神經學理論的人來說感冒是很難論證的課題之一。有的人可能因為對自己的潛意識說：「我身體很好，非常非常好」，之後這人就真的不會感冒。這種方法也會有例外的情況，不過這並不可怕，使用半負面的心理暗示治療，就可以將感冒治好：「潛意識，我命令你要遠離感冒」或者「潛意識，我命令你讓我的器官運轉正常，讓他們不再恐懼，讓我的身體遠離感冒，馬上康復」。

然而，肯定法才是最有效的方法，這要求提出富於建設性的對立觀點及相反的提議。明智的患者願意嘗試任何一種能帶來效果的方法。所以，如果你覺得你和我上面所說的某些方面相似，那就請你趕快實踐半負面心理暗示療法，試試我以下所說的處方。

這是一種對記憶的闡釋——假設有一個記憶力較差的人，那他要使用的積極性暗示便是：「你的記憶力很棒，你全身充滿活力，你就是力量的化身。你是睿智的，記憶力無時無刻不在閃爍著火花——你全部思想都在於此，你的記憶力非常好！」

對於其他人來說，下面這個暗示可能就會奏效：「你離健忘還很遠，更別說其它的病了。」有的治療師認為，對心理暗示療法的命名，應特別體現出它們可以消除的症狀，以及使用後身體的和諧狀況。比如有個人受心理原因的困擾，他就可以這樣與潛意識交流：「潛意識，我命令你緩解我心理的重擔，讓我的心肌功能永保健康。

這些就是半負面暗示，它讓你的潛意識明確一個事實：你確實患病。這種方法很多人都在使用，而且效果顯著。本書盡力為讀者講明一個觀點：「真理」有多種方法可以達到。所以有多種方法可以使我們的康復治療進行成功。

還有一個更加肯定的方法就是既睿智，又避免提起自己的疾患，比如對待一個心臟病患者：「潛意識，我命令你維持我胸腔內各器官正常工作，讓它們充滿活力，完整健康，協調高效。」

與上述的用於對付感冒及心理疾病的暗示療法一樣，半負面療法也有其自身的魅力；而對另一些人可以採用全負面療法來進行治療，這種方法就是否認事實、否認罪責、否認錯誤或失敗，否認所有一切。

上帝從不使用否認法，而是使用肯定的方法：「我能」、「我會」、「你要坦誠」、「信仰成就完整的你」、「起來，整理好你的床鋪，出去走走」、「遠離罪過，罪責不再」、「要多加留意」。等等。

透過自我認同，我們可以使心路暢通，全身充滿力量。同樣，病人的自我認同也可以打開心路，讓治病的力量在體內湧動，採取的方法並不重要，重要的是將意念喚醒。

對於一些患者我們會使用半負面療法，但是對於更多的患者，我們會根據他們的心理狀況，多數都是使用肯定法，因為對大部分人來講，還是肯定法更行得通。

方法很多，所以請選擇自己適合的方法去使用。

有兩個案例，這兩位患者持續發熱兩至三週，而且我們做了所有應該做且可以做的工作，但是未能奏效。這些患者都認為：發燒是一個過程。心理暗示可以讓他們情緒和緩，平靜下來，但是這並不足以讓他們離開醫院，就是這個想法讓他們無法康復。但是請相信，如果你可以運用真理去對付謬誤，那你就會取得最終的勝利，謬誤將會被打敗。

比如，有一個伸手不見五指的黑屋，如果打開一盞檯燈，黑暗就消失了，周圍充斥著光明。這是缺少光線的原因。無論什麼樣的謬誤都跟這黑暗相似，而真理就是那光明。真理的出現，會讓你像上帝創造的完美作品，永遠不可能生病——就讓真理這樣地顯現出來，讓謬誤從世界上消失吧。心理疾病就是靠這種思想治癒。

某些玄學或宗教學院的工作人員，會採取反覆灌輸同一種思想的方法治療求助者。這種思想的內容就是：「聖潔的思想」是不會存在罪惡和病痛的，因為罪惡和病痛僅僅是臆想、是謬誤或是錯誤的意念，是來自於病人那「世俗的意念」、「物質的意念」，完美、仁慈、博愛的神明不會這樣。

因此，如果求助者想要將錯誤的意念摒棄，就只要接受神所傳遞的那些信念，比如善念，這樣那僅僅為臆想並且錯誤的惡念就必然會被排擠，最終消失，從而身體得到康復。還有人認為，脫俗的意念可以輔助治療。無論哪種玄學或者宗教都有無數崇拜他的狂熱分子，玄學和宗教都可以對這些人產生療效，但其實產生作用的原因就是暗示，所以一定明確，他們的方法比理論有效的多。

如果可以合理運用半負面法，治療就會產生意想不到的效果，但是如果錯誤運用，後果將不堪設想。否認病情對某些人是快速擺脫疾病最有效的方案，但是這種否認一定要有一個強烈的肯定心理暗示緊隨其後。

在我的教學過程中就是這樣，我將半負面法作為一種醫療方法進行傳授，我堅持要求我的學生和病人在否認過後，再馬上進行一個強而有力的肯定暗示。

我認為湯瑪斯・派克・波伊德的否認法是最好的：將肯定緊跟在否定法身後。將你的全身冷靜放鬆下來後，使用這個否認法的療程最有效。

下面就參照上面的方法，列舉幾個關於健康問題的心理暗示，以啟發讀者什麼是否認後面緊跟一個肯定。比方說：

治療頭痛時可以這樣做：「我的頭漸漸的不疼了，它正在變好的過程中。（緊跟著強有力的肯定）我身體沒有任何損傷，非常健康，我又可以充滿活力。」

治療哮喘時可以這樣做：「潛意識，我命令你將哮喘趕出我的身體，從此不再打擾我的生活。（緊跟著強有力的肯定）我的思想、身體和他讀十分協調統一，彼此也配合的相當默契。」

治療感冒時可以這樣做：「潛意識，我命令你讓感冒遠離我。（緊跟著強有力的肯定）所有器官都在正常運轉，我身體健壯，活力四射。」

治療心臟病時可以這樣做：「潛意識，我命令你讓我的心臟自然、正常、合理地工作起來，按照健康的節奏跳動，把血液傳送到身體的各個角落，並放鬆我的肺部，讓它鎮靜下來，接受來自外界氧氣的供給。（緊跟著強有力的肯定）潛意識，我命令你讓我體內的所有器官以最有活力的狀態全力工作。」

為什麼一定要加上一個強有力的肯定暗示呢？實際上，所有否認法都有錯誤性。只有它後面立即跟一個強有力的、肯定的心理暗示時，才不會對人體造成傷害。

很多人會問到使用否認法有什麼技巧，請記住要運用意念。否認法其實就是心理暗示，這種否認法：「我沒有病！一點也沒有！我沒有不高興！」使用著挑釁的語氣，這只說出了你的弱點，雖然也包裹著決心和勇氣。舉個例子，如果你長期失眠，你就可能每天從早上開始對自己進行這樣暗示：「今晚一躺倒在床上我就可以睡得又香又甜。」但是由於聯想作用，可能到了今晚，依然沒有睡意的你就會想到不睡覺！那該怎麼辦？這個簡單的暗示在早上一遍遍地重複，到了晚上就會變得索然無味了，你應該這樣想「很顯然，睡好覺是一件很容易的事情，我沒有理由不睡覺，從今往後一定能夠夜夜安然入睡」。然後忘記這個暗示。一個健康的人是不會總是想著「我該不該睡覺」這樣的問題。趕快行動起來對潛意識進行健康的暗示。

使用心理暗示和形象再現兩種方法是，除了提到的那些特定是思想範本外，你也可以發明適合自己的範本——只要是那些意味著安靜祥和、勇敢無畏和開朗樂觀的事物就可以。

但是通常說來，暗示的最好載體還是肯定的、建設性的實體，因為它能像利箭瞄準靶心一樣直接擊中問題的要害。而否認法自身就存在著錯誤。

暗示在潛意識中必然要先克服它不良的一面，才能顯現正面作用。

相比較上面幾種形式，更重要的一種形式是直接暗示法。這種方法特徵明顯，是整個系統的關鍵。暗示要達到潛意識必然要透過直接暗示的方法。它可以帶給你患者自身所缺乏的意志力與衝動。

一些治療師採用暗示的辦法，向患者宣稱病痛即將消失——就像我們之前在對付感冒與心臟病的方法那樣。

無論使用說服法、明示法，還是肯定法，當我們否認一個疾病時的表達過程都要花很長時間，因為否認法本身就存在著問題，而我採用「好轉，好轉，好轉」的方法來解決這個問題。我讓我的病人不斷的重複這句話，沒有時間去想別的事情。這句話讓他們內心充滿希望，從而鼓舞自己，而這與實實在在的感知覺並不矛盾。

舉個例子，採用這個方法對待你的頭疼，就要肯定的對自己說：它會消失的。自我療法的步驟是這樣的：閉上眼睛，自然的將自己封閉起來，一定要注意不要刻意這麼做，然後輕聲對自己說：「好轉，好轉，好轉。」多次強調，就會發現病痛真的減輕了，而且療效非常顯著。

頭疼就可以用這個方法緩解。患者以自認為舒適的姿勢躺下後，放鬆全身的肌肉，然後醫生開始對患者進行針對頭疼的說教，然後病人發現頭疼的情況開始慢慢消失，最終完全不疼了。在這個過程中，病人會反覆暗示自己：頭已經不疼了，體內所有器官、腺體，身體的每個毛孔、每寸肌膚，都在正常的工作，和諧穩定，井然有序。

治療師直接作用於潛意識，好像潛意識成為一個獨立的個體了。這是早期實踐者一直在尋找的方法，而現在許多治療師也正在使用它。就拿治療頭疼的例子來說：首先進行一個強烈的暗示，告訴自己頭疼即將消失，然後不斷的重複，然後再做一個強暗示，告訴自己頭痛已經開始消失，再不斷重複，最後再暗示一次，告訴自己頭疼已經消失了。這幾個暗示應當以口說的形式，用堅定果斷的語氣反覆進行，直到產生預期的效果為止。疼痛消失後，要大膽的進行：「疼痛完全消失了，即使還有餘痛，也不要去管它，讓暗示進行下去」的強暗示，然後再用充滿信心的口吻說出一個肯定暗示：這症狀一去不回。

果斷的暗示在思想處於準備狀態時更易付諸實踐。

負面或半正面肯定法也有同樣的效果，只是發揮作用的時間稍長。

但是務必記住的是，否定暗示之後必須跟隨一個肯定暗示。理性的意念經過理解法消除狂妄，與反面法毫無關係，這促使病人和治療師來思考：是否一切情況都已考慮周全。

海地羅暗示法

海地羅暗示法的具體方法是由他人（可以是一人也可以是多人）給另外一個人提口頭上或精神上的意見。

我們時常被恐懼困擾，我們受到幾個世紀傳承下來的惡習影響太深，當我們需要剖析自我時，我們總會自動地懷疑自己。所以我們需要借助別人來給我們提出暗示。這樣做可以警醒被動的我們，產生內心的渴求，為為暗示成功打下必須的基礎。

如果擔心結果，那就耐心的暗示一下自己，但是不要檢查自己進程如何，只需要對自己說「我深信我能做得到，我一定可以做到。」

反覆強調一句話，就可以使這話產生超出想像的力量。

有的人如同養在溫室中的花草，他們依賴別人，別人也都細緻的照顧她，這導致的結果就是單單讓他們想像一下自己照顧自己的事情，就會倍受委屈。更不用說那些通向成功、健康、快樂的肯定法、規則，這些對他們自己來說，毫無用處。這些人就只有在別人的幫助下才能使治療方案得到實現，獲得好的效果。

耶穌說過：「如果有幾個人因我的名義而被感召在一起，那麼他們中必有我的影子。」這話從心理學來看，就是如果懂得如何去給人們灌輸一種思想：人是社會的產物，每個人都是社會這個「大家庭」中的一員。我們從出生開始就需要他人的陪伴，我們的內心才能感到力量和信心。我們不只依靠上帝，我們還需要身旁實實在在的人們。這個世界上很少有離開人類文明而甘願寂寞生活的人，就連魯濱遜這樣了不起的人，也有一個能陪伴他的僕人——星期五。

我們在別人認可我們是感到寬慰並充滿資訊，這也讓我們更堅定了對上帝的信念。所以實施他人對你的正面暗示時，應當這樣：兩人相視而坐，一個希望得到幫助，另一個願意提供幫助，這樣那健康、愉快和歡樂的暗示才能取得最佳效果。

如果只由一個人給出正面的暗示不足以使人信服，那多個人無論是三個、七個還是更多，就會容易的多，這時海地羅暗示就更易收到成效。

但是有的人在使用各種各樣的暗示療法之後仍然覺得沒有效果，所以他們將一切歸因於治療方法的不適用上，他們理智的使用一個又一個方法暗示自己，但仍然覺得與治療之前沒什麼好轉。

當一個人不能利用自我暗示來完成治療時，由多個人來幫助他就顯得尤為重要了。如果有幾個人提出與他固有的思想相逆的思想，將真理扎根於潛意識之下，那就會有很大的幫助。

由於他不是接受自己所作的暗示，所以他人的幫助應當儘量充滿安全感。

這種安全感並不難尋求，治療師有能力給予。不過，如果給予他暗示的人越多，那暗示的效果就會越好。如果讓三個、四個甚至是七個八個或者更多的人，一起給病人提出肯定法暗示，產生的效果將是前所未有的。所以在自我暗示沒有作用時，就試試治療師吧。如果你還覺得治療師的進展太慢，那就試試海狄羅暗示法——讓更多的人給你做暗示。

所有在「海地羅暗示法」中擔任給予暗示角色的朋友，當你在給患者加以暗示時，唯一的要求就是與患者進行溝通和瞭解。通常，無論在什麼情況下，對提建議者來說與病人的溝通瞭解，互助合作是很重要的。

《聖經》中也提到過：如果某件事有兩三個人相信，我就說給他們聽。

另一種說法是：眾志成城，精誠所至，金石為開。

對患者來說，越強烈的暗示越會成為強大的動力。在多人的商討中隨時迸發著智慧和靈感，讓他發現自己正是這智慧與靈感的海洋之心，而這海洋也在他身體中流淌，讓他舒展雙臂，感受這海洋作為這能量的核心，吸收身邊所有的能量，可以讓他的生活充滿活力。這是令人吃驚的事情，暗示是如何說服我自己的呢？難道真理早已進入我的思想？我是怎樣接受到這似有若無的神奇的能量的呢？

舉例來說，如果其他的人們可能是兩個三個或者更多人，都堅定的認為病痛會遠離患者，那成功的、充滿希望的、通向光明的道路定會作用於患者，患者會恢復健康、協調與穩定，並且他們願意給患者指點迷津。這就一定會使患者進行自我治療得到效果要快的多，這似乎已經成為一個規律。

這就是海地羅暗示法，我們推薦它是因為：我們希望患者們可以找到幫助他們進行治療的朋友。

安慰劑暗示法

暗示療法有多種形式，它們全部歸類於精神療法當中，正是這些暗示療法給身心帶來了新生。

有些德高望重的醫師，在他們對病人進行治療時，並不知道病因在何處，卻依然開出了藥方，這事實的真相就在於：他們開的藥不過是一些安慰劑（安慰劑暗示法）——經過喬裝改扮後無害的藥物，染了顏色的純淨水，麵包，糖豆等等。這對於那些搞不清楚病因的醫生來說是司空見慣的，因為病人們往往帶著這樣一種思想：他會因為醫生沒有給他開藥而感到惴惴不安。安慰劑本應該只能有安撫病人的作用，但是出人意料的是，幾乎每位醫生都用安慰劑治好過病人。

如今，人們已經接受了思想可以影響身體的觀點，在這裡舉兩個例子給大家簡單介紹一下：

英國內科醫生哈克・吐克因為深入研究了想像力在治療疾病時的作用而聞名於世。他曾做過這樣一件事情，一個患有嚴重胃痙攣的軍官，無論使用多麼強效的藥物都沒有作用，哈克醫生就給他開了一個別出心裁的藥方，每七分鐘吃一次四克的餅乾粉末，並告知病人如果想要發揮藥理，就一定要準時吃藥。沒想到這個軍官很快就康復了，而這個「神奇的藥物」其實就是他的想像力。

另一個是法國的一位皇家御醫對一百多人進行的一項試驗，他給眾人開了糖水的藥方，然後裝作非常焦急的樣子告訴眾人，他拿錯了藥，人們實際拿到的是一種強效的催吐劑，然後發現有高達九六%的人都開始感到不適。

那些對自己的診斷結果沒有信心的醫生視安慰劑為法寶。安慰劑既可以掩飾醫生的無力又可以滿足病人的需求，而那種無力正是病人衡量醫生醫術水準的尺規。安慰劑給醫生提供了時間去研究疾病——這給了醫生一個對症下藥的機會。而安慰劑的最好之處在於：無副作用。如果在給予安慰劑的可以配合著一個暗示療法，那就極有可能在不用實際藥物的情況下將病人醫好。

掩飾法

「掩飾法」即只要使用安慰劑就能取得療效，這其中的主要原因是患者相信：他正在使用的治療方法可以取得效果，而且這種暗示被以不同的方式多次重複和強調，使得病人開始對自己的治療效果滿懷期待，再然後，患者就開始「將期待付諸實踐了」。

查理斯·溫布里格勒對安慰劑暗示法有過如下評價：

病人在接受醫生全面檢查後被確診患了重病，可是在醫生開出藥方後，這些病人就可以迅速康復。因為病人們相信，醫生開的藥方是絕對有效的，吃完藥就可以感覺舒服很多，於是他真的感覺到舒服很多了。這其實就是安慰劑暗示產生的效果：醫生充滿信心的擔保與檢查，可以影響患者身體的重要功能，從而產生療效，這才是那藥方真正的奧妙所在。所以這裡無論是麵包皮、餅乾屑，或其他什麼「藥物」都可以產生同樣的效果。我們的這個時代慢慢發現：暗示法可能比藥物更有效且無副作用，它同樣應像藥物一樣被推廣使用。

湯姆斯·簡·哈德森在《精神藥物》中也說過：「我認識的一些著名的醫生，他們很少使用真正的藥物，而是使用安慰劑，同時給予病人一個強有力的積極暗示。他們認為無論什麼藥物的價值，完全取決於能否給患者造成『病馬上就會好』的暗示作用。」

在醫學高度發展的今天，出現了一個非常富有希望趨勢，那就是安慰劑的作用引起了醫生的高度重視，當藥物療法失敗時，安慰劑往往成為醫生的選擇。不可否認，安慰劑在實踐中避免了許多可能致命的差錯，而且取得了可喜的效果。恭喜各位藥商們可從大批量安慰劑的生產中，獲得巨大的利益了。

所以，我們會發現，暗示法療法已經應用於我們生活的每一個角落了。

近些年，用安慰劑作為替代藥物的「心理暗示療法」，已經被大多數人所接受，大家都認為這合乎情理。

無論是維克多・雨果、蒙斯特伯格還是內科醫生或者世所公認的心理學權威，在推廣合理運用安慰劑暗示法上都補充強調：「我們不斷開發尋找替代藥物的信念，越來越需要人為手段的支援了。第一步要利用資源來將意識喚醒，讓你的意識相信有些東西正在變化，那些正面的影響會大大提高你康復的希望。」

變換染顏色和味道的「藥水」，未通電的治療儀器，甚至謊稱要進行一次大手術，而實際上至少在皮膚上輕輕觸碰了一下。但這些方法都非常有效的刺激了患者的大腦皮層，達到了難以言表的疾病治療效果，這同時也是精神物理學的勝利。有一個例子是這樣的：一個數週無法發出聲音的病人，精神壓力相當大，但是醫生僅僅用鏡子照了照他的喉嚨，然後用沒有通電的電極碰了碰他的喉嚨，他就奇蹟般的說出了話。

重複法

暗示療法有一條原則就是「暗示在不斷重複中發生作用」。不斷重複暗示內容，可以使暗示更容易進入病人的潛意識，治療師需要一遍又一遍地重複暗示的原則和關鍵字，要富於變化，不能千篇一律。一定要記住，灌輸一種思想就要像攻打一座堡壘一樣，必須從多角度入手，因此形式的多樣性是必不可少的，而且重複的時候一定要讓關鍵字更有力度、更易記住。

亨利・伍德在他的著作《心理攝影中的理想暗示法》中曾說過，只有採用多種形式的意識流療法，才有可能將深深隱藏的潛意識慢慢改變。這種思想的灌輸需要花費很長時間。你的整個潛意識就像一個蓄水池，從前有一股濁流流入這池中，導致池水混濁不堪。而現在，濁流變成了一條清澈、純淨的小河，我們會發現整池水的情況也都發生了慢慢的改變，雖然時間會很漫長。就像這樣，我們開始改善我們思想的蓄水池，將有益的意識流注入，直到思想的整體品質得以改善。

當我們做到這些後，掩藏很深的自我，就再也不會害怕疾病和傳染病了，自我可以完好無損地從疾病面前經過，而不動聲色。這就是自我完善的重要性。如果我們可以將那清澈的意識流引入自己的潛意識，那當疾病攻擊你的健康時，你的潛意識就可以大聲的告訴疾病：「遠離我，我與你素不相識！」所以，我們要將意識和潛意識進行區分，認清他們的本質和作用，否則我們的意識形態會變得混亂。

扭轉思想

斯瓦米・默柯吉在《精神意識》中說過：「當你剛開始形成新習慣是，你頭腦中許多已形成的觀念回來阻止你，但是如果你堅持下去，就會容易很多了。還有一個特變的現象，如果你前一天在特定的時間開始全神貫注地思考一件事情，那麼在第二天的同一時刻，你的頭腦中會出現同樣的想法，這種現象就是週期性。所以如果有一件棘手的問題需要你來解決，但是你卻沒有做好思想準備，就可以選擇特定的時間坐下來對自己進行暗示：『我的主觀思想，我希望你明天四點就可醒來，做好充分的準備來迎接挑戰。你一定要做好準備。』而後第二天你就發現，你擁有充足的力量在四點清醒，並去完成你的任務。」

晚上睡覺前，你就應該再次對你的潛意識強調：「潛意識，你一定要讓我在四點鐘起床。一定要做到。」這樣你就一定會在四點醒來。

一定要將注意力全部放在自我暗示上，並反覆進行，直到暗示成為可以自動進行的指令。如果你十分確信你一直堅持的任務可以完成，並將這種想法植入潛意識，那你一定可以真正做到。擁有必勝的信念，那所有事物都可以為你所用，你總是可以從心理療法中找到治病的良方。使用心理療法的病人也大可不必循規蹈矩，而是可以繼續摸索、探尋適合自己的好的療法。

反覆禱告

當代玄學醫生透過實驗已發現大量可以統治意識領域的法則。他們都認為沒有完全相同的兩個醫療案例。所以患者千萬要記住，如果你的方法沒有讓你立刻康復，那並不是你治療本質的錯誤，你只是因為毅力和悟性不足或者思慮不清而失敗。請患者無論如何將祈禱進行下去，直到打敗心中不良的思想，讓清醇的意識流進入潛意識。

滿懷感恩的心，從古至今大家都認為：受盡屈辱後就可以創造奇蹟。我在前面也說過：將「屈辱」扎根於心底，要堅持、連貫的強化自己成功的信念。這樣你所希望的的健康、成功和歡樂就會得以實現。但是一定不要分心，要堅定的告訴你的意識：我的願望必將實現。

遇到困境，要耐心

那些想要利用上面的法則來求得健康、成功和歡樂的人們，即使在天時地利人和的有利條件下也會因為缺乏耐心而失敗，就像初學鋼琴的人一樣。

如果我們無法維持充滿希望的狀態，我們就會表現的像個孩子：這種方法必須立刻起效，不能再拖下去。就像讓初學鋼琴的孩子演奏經典的樂章和交響樂似的，為時尚早，他們不能理解曲子的意義，練習簡單的曲調，對他們來說會更容易些，也更合適。而久經練習的音樂大師就可以把握經典樂章的精髓，並很好的演繹。

所以，當練習的技巧日漸熟練後，大師們就可以不經意的將優美的音樂縈繞於指尖。

心理治療也是這樣，我們要不斷的練習，精力集中，堅持不懈，直到練習的方法成為自然，成為習慣，那我們的目標就達到了。

我們要將自己的願望深深的植根於潛意識中，日日重複，月月重複，直到這種願望成為真的存在於潛意識之中，成為我們生活中不可缺少的部分，成為我們的固定習慣。

如果你想要富有、成功並且快樂，那就不斷重複這些念頭，直到它們實現為止。如果你的頭腦中從未有過成功的想法、富裕的要求，和快樂的願望，那你怎麼會有努力的方向呢？所以一定要牢牢抓住這念頭，耐心的重複，你的願望才能實現。

你會發現，在多次成功之後，你的意識會對你越來越忠誠。如果你訓練的恰當，且給它實實在在的自信，你的意識會反應更為靈敏，且更具有執行力，是個忠實而得力的僕人。而這自信需要由自我暗示和不懈的努力來激發。

「我可以」

第一次進行自我暗示時，無論你花了多長時間，如果不成功，請不要害怕、退縮，每天堅持重複多次：「我可以，我的意識充滿了力量，它能做到。」這樣，意識就會成為忠實而得力的僕人。它充滿了力量，只是需要你來引導這股力量。堅持不懈的自我暗示（無論是積極還是消極的）都可以使它成為你的助手。所以請一定要記住，暗示也是有責任心的，一定讓暗示來引導它的責任心。然後，讓積極的暗示扎根於你的意識中，而讓消極的暗示沒有生存的空間。用這種方法，可以說服一個人——即使違背他的初衷。

大家都知道這樣一條公理：無論多麼複雜的事情或動作，只要持續反覆練習，就可以得心應手。眾人皆知的成語「熟能生巧」講的就是這個道理。多次反覆實踐就可以形成習慣。但這到底是意識指揮了行為，還是肌肉、神經接受了訓練的結果呢？

改善經濟狀況

《自我治療》描述了伊莉莎白・唐娜親自操作的一次成功的物理療程，她說道：

我滿懷希望的投入工作，領會並運用通往富裕的法則。我讓自己有足夠的能力去吸引真金白銀。我要讓我的潛意識幫助我過上富裕的生活，遠離貧窮和自卑。我開始變得平和，容易滿足，一切都按照我的想法進行。

多年來我一直致力於把自己塑造成一個健康的女人。現在，我還要讓自己充滿活力和精神——足以將金錢吸引到我手中。我希望我可以名利雙收。

我開始給自己灌輸「我將變得富有」的思想。雖然一開始我看不到任何希望，但我依舊不停的告訴自己。我在每天工作之餘就會集中精力思考這些問題。這種狀態維持了幾個月，可是我的生活沒什麼較大的改善，家中的孩子和老人依舊只能得到溫飽。

但是，突然有一天，我感覺我不能再拖下去了，我必須立刻變得富有，我開始對自己說：我非常有錢。我說了無數遍，幻想著富裕之後的場景，並且努力生活。

當我的錢不足以支付我想要的東西時，我會對自己說：它最終會屬於我的，小時候我也經常這樣對自己說。而當我的錢足以支付我想要買的東西時，我就會想像我非常富有，然後開開心心的把錢花掉，並祝福這花出去的鈔票一路順風。過去，我總是緊緊的攥著錢過日子，每當我花掉一分錢，我的心就會刺痛，我總覺得它可以花在更有意義的地方上。而現在，我努力去想它真正該投資的地方，因為我已有了足夠的儲備。

慢慢的，越來越多錢湧向我。我的成就感不斷的增長。達到高峰時，就會有一個漲勢，之後有一陣寂靜；然後，就是另一個高峰。無論如何，總要保持一個小小的漲勢。

我這樣邊學邊練，將自己獲得的經驗再傳授給病人（這是每個心理醫生，甚至醫生都必須做的「義務工作」），這時我開始有了穩定的財富收入，收支基本平衡——沒有新的債務增加。雖然舊的債務在短期內仍然很難還清，但是我第一次如此清醒地意識到，我在朝著成功邁進，總有一天我可以還清所有債務。

這在我看來，是最成功的一次自我治療。我希望你可以從中受到啟發，當你遇到經濟問題時也可以如此暗示自己。

不斷重複

如果一個想法總是無法進入潛意識，那就會被我們忽略，我們的所聞、所見、所想和所感都是先進入潛意識中。

思想如果可以指導實踐活動，或者被多次重複，那就可以扎根於潛意識。主觀思想往往受到習慣的指使，如果已有固定模式非常穩固並且已經運行很久，那就只有用足夠深的、反面思想，才可把已有的行為扭轉。「習慣的力量是可怕的。」雖然潛意識的力量也很大，但如果舊的不良習慣仍在工作，那麼他就可以以它那固執的本性，對我們的身體、意識和性格產生影響。這一點，有四〇%表現在我們那還未進化完全的、繼承自原始動物祖先的器官；三〇%表現在情緒、性情上的易衝動——這是動物本能的體現；另外的則表現在我們的身體、思想和性情對遺傳烙印不停複製。

所以，重複在治療過程中是最重要的。

一日日一遍遍的重複。才可以使烙印足夠深刻。但是，為成功而付出的金錢和自由，卻讓我們望而生畏。

暗示療法給人們帶來真理，但只有把這種思想轉變成習慣時，它才可以融入人們的潛意識。潛意識只是依據扎根於其中的暗示展開行動，但這效果可就不再僅僅是方法了，它變成了現實。

治療兒童的方法

兒童單純，涉世未深，從這個角度講，兒童是更易於接受暗示法。因為處世的經驗會讓成人謹慎多疑。

精神療法在兒童身上很少遇到阻力，這正是兒童的潛在能量。可以排除很多成年人的不良模式——顧慮、懷疑，並排除藥物的影響。對兒童來說，母親的話語會比任何東西都能帶來自信——母愛有自信能將幸福健康帶給孩子。

當別人教導兒童去除叛逆行為，改變壞習慣，完善不健全性格時，他們很可能不合作，不同意繼續進行精神療法，如果出現了強烈的逆向暗示，那這些孩子就會變成不折不扣的叛逆兒童。但是如果有辦法可以長時間吸引孩子的注意力，那我們就能用口頭暗示對兒童順利地進行治療了。但是困難點在於，兒童過於活躍，他們很難長時間集中注意力。年齡稍大的兒童還有可能主動配合工作——因為他們已經到了「我知道所有事情」的年齡。

治療孩子的難點

在治療兒童時，我們不會像治療大人那樣被懷疑所阻撓，兒童比大人更容易受到環境和外來思想的入侵。

治療兒童最大的障礙在於家長的錯誤觀念。一個養尊處優的孩子，很容易受到長輩思想與意志的左右。因此治療師一定要盡全力爭取到孩子的爸爸、媽媽以及他親戚的支持與配合。如果他們肯合作，治療就會順利。否則，將會事倍功半。如果你遇到了一對完全否定你的方法的家長，除非你所治療的孩子百分之百相信你，不然就絕對不可能完成治療。幸好多數來尋求治療的家長，都是相信心理療法的。

在任何情況下，都要像對待你的成人患者那樣，為孩子展示相同的治療原理，這能引起孩子們的好奇心。這樣治療效果沒有達到家長們的期望，家長也會配合治療師。那些態度不端正的家長，有時會大吵大叫，絮絮叨叨，暴躁不安，或又顧慮重重，種種情況都會讓孩子們原本就不平靜的心境更加動盪，這樣反而更不利於孩子的康復。如果遇到這樣的家長，最好明確的告訴他們閒事少管，讓他們的不良心態遠離孩子。

希望家長可以做個安靜的旁觀者，可以給醫生和孩子製造良好的治療的機會。否則，情況會越來越嚴重，到最後，只能失望而歸。

如果治療師能得到家長的支持，那就很容易吸引孩子的注意力，喚起他們的興趣了。畢竟孩子擁有篤信上帝的天性。

告訴孩子，上帝與他同在，上帝賦予了他一個完美的身體，上帝也會贈予他健康，賜予他力量。雖然「太陽暫時被烏雲遮住」，但是真誠的相信上帝，上帝就會令他康復。

這種信仰療法，對兒童極有作用。然後就開始你自己的治療，當你的鑑賞力得到肯定時，你會得到強化，滿心喜悅的堅持下去。

孩子很容易受到家庭衝突的影響，但同時良好、健康的環境更能影響孩子。要知道「上帝是不願意讓這些小傢伙生病的。」

對嬰兒的治療最好借助於媽媽的手。因為嬰兒更容易接受媽媽的要求，也容易受到媽媽的影響。可以透過這樣的方式，你來指導嬰兒的媽媽，然後再由媽媽來指導嬰兒。

使用治療成年人的方法就可以，只是要轉化為嬰兒特殊的語言。小孩子是最易與母親產生感應。

在實用心理學與平日的生活中，我們都會引用一些母親的經歷，她們對孩子太過關心、愛護，如果達到溺愛的程度，就足以毀掉孩子的一生。

嬰兒不僅僅是在吮吸媽媽的乳汁時來感受到媽媽的精神狀況，他還能感受來自母親的心靈感應。當媽媽情緒波動很大時，比如嫉妒、憂愁、恐懼、焦慮、憤怒，或當突然受到打擊、被驚嚇時，無論嬰兒當時是不是在吃奶，這種精神狀況都可以傳遞給嬰兒。再加上嬰兒控制自己的能力本身就弱，所以，嬰兒表現得往往比他的媽媽更強烈。

對母親的感覺的敏感程度可以影響孩子的性格。一個患有歇斯底里女人和她的小孩的例子，就足以說明這一點。

患有歇斯底里的媽媽，時常在孩子面前犯病，孩子由於有天生的模仿能力，開始模仿自己的母親，會頻繁的表現出以下症狀：他常常因輕微的身體不適便開始抱怨、啜泣不止。這時我們會認為這個孩子太過嬌氣了，他因為這樣既可以輕而易舉地賺取媽媽的同情與關愛——而媽媽的這一行為又會反過來更加鼓舞了他的症狀。由於孩子本身就非常敏感，所以對他的同情和關愛並不能減輕他的徵兆，相反地，卻會加深孩子的症狀。對待這樣的孩子（對別的孩子也一樣），我們應教導他們學會忍受輕微的病痛與不適。

一個媽媽可能是聽到了他人（醫生、護士或鄰居）談論到痙攣的症狀，這透過心靈感應使小孩子也接收到了這個信號。當天晚上，這個媽媽就發現自己的小孩表現出了痙攣的症狀，他發抖、抽搐，完全跟她白天談論的一致。

大部分嬰兒都這樣：沒有能力去表達自我的思想，只能領會母親的語言，當他聽到那些疾病的談論時，他就完全接受下來那些疾病的症狀，並模仿那症狀。這些症狀除如果不能得到根除，就會伴隨孩子一生。

如果你發現你有一些無法找到根源的疾病，那可能就是在你幼年時，你的媽媽或其他一些跟你很親密的人，在你的聽覺範圍內，談論了一些此種傾向的話語，而你也接受了這不良暗示。

這是使用了正面暗示法將錯誤的思想植入了小孩的潛意識。相應的，我們只能採用反面暗示法來應對。

第七章：實踐中的自我暗示

在瞭解自我暗示的理論後，大家一定想知道如何將理論付諸實踐。眾所周知，潛意識支配身體各種功能，暗示也可以影響身體的各種功能。

Suggestion and Autosuggestion

簡單的控制潛意識

自我暗示的方法本身其實是很簡單的，但是，它是具有邏輯的，它的功效表現在我們日常的生活當中。就好像有些看似十分複雜的問題，但是解決方法會簡單得讓人發笑。

自我暗示必須的準備有：讓自己處於被動接受狀態；頭腦不進行任何活動；心境平和；然後把暗示注入潛意識中。

就像這樣，每晚在你躺進溫暖的被窩，並且處於即將入睡的狀態時，輕聲（但是要清楚）的不斷重複你想要告訴自己潛意識的內容，如「每天，我的各個方面將變得越來越好」。音量控制在自己能聽清的範圍就可以，就像做禱告那樣將這段暗示重複二十遍以上。為了避免數數分散你的注意力，你可以用一根打著二十個結的繩子，透過移動繩結來計數。

你可能會覺得這麼做很幼稚。但是，這是真實的，如果我們肯按要求做，我們就可以支配這種驚人的力量。雖說這暗示很簡單，但如果這個暗示可以植入潛意識中，那就會激發出一股強烈的力量。

就像古時的神諭，古人們知道重複一句話或是一句咒語，便可以得到話語中所提到的力量（這是很可怕的）。神諭擁有如此巨大的力量，其祕密就在於暗示。

我們這種自我暗示的治療方法是簡單易懂的，同樣也易於實踐。當今人類的思維與古時人類的思維並沒有什麼兩樣：人們總是將治療疾病無論是心理還是生理，與複雜的理論聯結在一起，但實際上這並沒有必要。我們根本不需要抱怨，因為事情很容易辦到。

大家可能不明白，我為什麼要將「每天，我的各個方面將變得越來越好」，這樣一句普普通通甚至有些含糊不清的話，作為治療各種疾病的常用語。雖然有些奇怪，但原因在於我們的潛意識並不需要非常詳細的指示。每天每個器官都在正常工作——這樣一個模糊的暗示就可以使各個器官發生作用，改善它們的功能。在長期的教學和實踐中，我證實了這個理論。很多病人利用自我暗示，不僅治癒了他所希望治癒的疾病，同時也治癒了一些他們平時並不太關注的小問題。

但是模糊的暗示真的比詳細的暗示好嗎？我們應該慶幸，我們的潛意識比我們更瞭解自己的身體情況。試想一下，如果我們要留心每一種器官的活動情況，比如呼吸、消化，那肯定會非常混亂。現在潛意識幫我們承擔了這個重要又複雜的工作。潛意識的工作如果出現差錯，那肯定是因為我們打擾到它。每個器官都是相互依存的。如果普通人去命令潛意識修復某個器官，那潛意識肯定會聽從他的命令，但是如果這個人不瞭解潛意識，也不懂得生理學，那他的某些器官就一定會受苦了。

放權給潛意識，讓它來控制

一定要完全放鬆的重複這句話：「每天，我的各個方面將變得越來越好」，千萬不要嘗試使用意志。意志的使用對於意識行為是非常有必要的，但是對於自我暗示來說，這卻是致命的。可是你必須做到讓自己與世隔絕，以避免注意力分散，閉上眼睛可以起到不小的幫助。即使在人聲鼎沸的鬧市中或者在公共汽車上，你也完全可以達到與外界隔絕的狀態（如果需要的話），而且也沒有什麼案例表明在嘈雜的環境中自我暗示就會失敗，但是前提是自己的心態平和。我認為心境的平和可以避免對單調的重複心理暗示產生厭倦。千萬不要強行進行自我暗示，這會轉化為意志，對將暗示植根於潛意識產生阻礙作用。

雖然我覺得模糊的語句更適合自我暗示使用，但是這並不意味著詳細的自我暗示不可取。相反，在減輕疼痛、調節功能紊亂、緩解症狀時，都可以運用詳細暗示。減輕疼痛的辦法是：為了減輕疼痛，用手輕輕地摩擦痛處，但是動作頻率要高，同時，低聲而快速地重複「不疼了」。在進行幾分鐘後，疼痛感就可以減輕甚至消失了。為什麼要快速重複呢？因為如果說得太清楚和太慢，就可能會引出與此無關甚至與此相反的雜念。

怎樣才能安然入睡？被失眠折磨的病人可以嘗試這樣一種方法，選擇一個舒適的姿勢躺在床上然後語速適中的重複念到：「我就要睡著了，我就要睡著了。」聲音一定要和緩，並且一定要避免意志的參與。這種低聲重複可以起到催眠的作用，但是如果你的意志參與進來，根據努力轉化法則，那「我就要睡著了」的反意念就會使你保持清醒。實際生活中的失眠症就證明了這一點：意志力的參與會讓最終結果與你的願望背道而馳。

口吃、自卑和癱瘓可以治癒。口吃患者是非常痛苦的，不過這可以經過自我暗示來治癒。我見過一個極端的案例，一個口吃患者僅透過一次暗示治療就康復了。在研究這個人口吃的原因時，我們發現，這個人存在害怕口吃的想法，並且有「會變成口吃」的意念。如果可以用「我將不再口吃」這類意念代替已有的想法，如果可以流利的說出十個詞彙，那麼在說第十一個詞彙時，就沒有結巴的理由了。這樣患者就被治好了。

使用自我暗示可以根除神經過敏、恐懼或者更糟糕的焦慮現象。患者有這些症狀僅僅是因為一些錯誤的、非本性的暗示造成的。治療這類的患者可以利用這樣的暗示進行治療：「我不緊張；我很有信心；我很好，我一切都好。」如果要撫平氣憤的情緒，可以重複地念：「我平靜了」，這樣就可以慢慢冷靜下來了。

有很多癱瘓病例，是因為病人相信他沒有使用其肢體的能力造成的。這些人可以被輕而易舉的治好。只需要將這樣的暗示注入潛意識：「我能走，我的腿可以活動（手臂，或者手指）」。這樣癱瘓的病人就可以重新行走了。出現這種情況的原因是：曾經他們大都因為身體的傷害而癱瘓，但是當他們身體的傷勢好轉之後，他們仍然相信自己的身體無法活動。顯然潛意識是極具影響力的，只要可以將暗示注入到潛意識中，暗示也可產生很大的力量，但與此同時如果意志參與進來，那麼反作用暗示的影響也必須同樣大。這就是祕密的全部。

時刻存在的自我暗示

充分的案例與實驗說明了兩點：

第一，我們頭腦中每一個觀念、願望都會實現（必須在合理的範圍內）：

第二，是想像讓人類充滿力量，這與我們通常所認為的意志是截然相反的。

庫埃先生會對新來的患者說：自我暗示可以用幾句話解釋清楚，現在我要用實驗說明兩件事，請你們當中沒看過我演示的人們注意了。

第一點，不要去介意我們存入意識中的觀點是什麼。一千個讀者就有一千個哈姆雷特，每個人看問題的方法和角度是不同的。當一個犯罪發生的時候，如果你有三十個證人，那你就可以聽到三十種不同的理由，因為沒有人從同一個方面來看這件事，甲之蜜糖、乙之砒霜就是這個道理。

我們在腦中的所有想法，只要在可能的範圍之內，就都可以實現（我做了一個保留，因為如果我們認為一件事是不可能的——例如失去了一條腿之後，在這個地方將會長出一條新的來，這種觀點是沒有機會可以實現的）。但是如果我們在腦中的想法是可能的，那它就可以變成現實。如果你這樣想：我晚上不睡覺，那你晚上一定會失眠。失眠就是就是當你上床睡覺的時候，你卻睡不著！晚上睡覺睡得香的人，也是準備睡覺準備得很好的人！再看看這個例子，如果你想著我便祕了，那你就一定會患上便祕。我們有一種固有的想法：只有吃過藥後，我們才能正常排便。如果你給這個人一個藥丸，藥丸的外表與正常治療便祕的藥一樣，只是裡面是澱粉和麵包，藥瓶上同樣寫著是緩瀉劑的標籤後，你的便祕還是會被治癒。同樣的，如果把生理鹽水注射給疼痛難忍的病人，但是告訴他那是嗎啡，在注射的瞬間，他就會覺得放鬆下來。如果你告訴自己：我要暈倒了，那就一定會出現這種狀況。而那些不認為自己會暈倒的人，是怎麼也不會暈倒的。

這一點的重要性毋庸置疑，現在我們向頭腦中輸入一個消極的觀念，那我們就會生病。那試想一下反過來的情況，如果我們身體患病，我們在頭腦中輸入一個康復的想法，那樣我們就會康復。

第二點，是想像讓人類充滿力量，這與我們通常所認為的意志是截然相反的。大家都認為憑藉意志我們可以無所不能。但事實並不是這樣。當意志與想像發生衝突時，我們是無法成功的，甚至事情的結果會與願望背道而馳。如果你晚上失眠，千萬不要努力讓自己睡覺，只要在床上保持平和的心境就可以了。但是，如果你為了睡覺而不斷努力，在床上翻來覆去，著急咒罵！那樣你不但無法入睡，還會變得異常激動和情緒。此時你的意識狀態是：我想去睡覺，但是我睡不著！你獲得了與你願望相反的暗示，這就是失眠的典型例子。

第二個例子是這樣，當你忘記一個名字時，你常會說：我要想起某某夫人的名字，但是我想不起來，我忘記了！如果你這麼想，那麼你肯定想不起來。試著這樣說：我理所當然會想起來。那結果將會是在交談中突然插上一句：啊，我要說的就是某某夫人。因為那個時候你的「我已經忘記」念頭已經被「我將會想起來」的念頭取代。

還有另一個實例，你一定遇到過這樣尷尬的時刻，你根本無法讓自己停止大笑，你越是努力控制，就會笑得越厲害！因為此時你的意識中是這樣想的：我想停止大笑，但是我做不到。

實例四是這樣，一個初學自行車的人，在騎行當中突然發現不遠處有一個障礙物，可能是個石頭，也可能是一隻狗，他就會對自己說：我不會撞上去！於是他調整姿勢，俯身向車把，防止撞上障礙物，但是他越是努力想避免，就越會撞上去。此時他意識中是這樣的：我想要避開那個障礙物，但是我不能。

最後一個例子，對於口吃患者來說，他越是想要正常的講話，不斷的告訴自己我現在必須流利的說出「再見」，絕對不可以犯口吃的毛病，那他最後就越會說得結結巴巴的，結巴得更加嚴重，嘗試十次可能都無法成功。此時他的意識狀態是：我要克服口吃，但是我不能！

所以我要再次強調，想像與意志衝突時，我們不僅不能獲得成功，還有可能事與願違。因為我們自身存在兩個「我」：一個是我們知道並且可以控制的——意識；在它的背後，是另一個「我」——潛意識（無意識），或者一直為我們所忽略的——想像。我們對第二個「我」的忽略是有害的，因為它正指導著我們，如果我們可以想辦法去指導這個「我」，那我們就最終可以指導我們自己。

打個比方，想像你自己是坐在四輪馬車中的人，但是粗心的你出發時沒有給馬套上轡繩，如果你用皮鞭輕抽這匹馬，這匹馬就會去牠想去的任何方向，無論是左邊、右邊、前面還是後面，因為你沒有給牠套上轡繩。如果你能夠給這匹馬套上轡繩，那在車上的你就能夠指引牠到你希望去的地方去了。經過長時間的實驗和觀察，你就可以更理解這一點。

自我暗示所進行的實驗

下面是庫埃先生指導人們進行自我暗示訓練的過程：

我想請一位朋友幫我完成這樣一件事情，有意識的樹立意志和想像之間的衝突：我希望做某一件事情，但是我做不到！請問這位小姐，你能幫我完成這個實驗嗎？請你盡可能緊的握緊你的雙手，直至顫抖，一定要用盡所有的力氣。

（這個年輕小姐交叉自己的手臂，緊緊握拳，不斷用力，直至顫抖！）

現在請告訴自己：「我要伸展我的雙手，但是我做不到，我不能！我的雙手將握得太緊了。」

（人們發現這個小姐的手握得更緊了，她的雙手顫抖，她正全心投入於她的努力上面。）

你的雙手就像是天生就被鎖在一起那樣，你做的努力越多，它們就會鎖得越緊。現在告訴自己：「我能做到。」

（大家發現這個小姐的雙手開始放鬆並垂了下來。）

所以實驗證明，只要去想像某事將實現，那它就一定可以實現，無論這在你看來有多麼荒唐。但你不覺得，上面那位小姐因為想著自己做不到而就真的無法打開雙手，是更加荒唐的事情嗎？

一個病人說：「我理解了，要想康復，只需抱著這樣的想法：我能痊癒。」

庫埃先生說：很可惜你沒有理解我的意思，如果你對自己說：「我將變好！」那與你作對的相信就很可能說：「朋友，你真的覺得你將會變好嗎，可惜這只是你的希望！」當你的意志想要完成一件事情時，想像往往會反其道而行之。所以不要說：「我將變好！」而要說：「我正處在康復階段。」

一位病人說：「在你之前的每一位專家都告訴我要有堅強的意志！」

庫埃先生說：「那是他們每一個人都犯的錯誤，每一個人！」

另一個接受失眠治療的病人說：「是這樣的，另一位醫生也告訴我要運用意志，但是一年半的時間過去了，我的失眠還是沒有好。後來他發現他的治療沒有任何進展，就告知我的病已經沒救了，我必須要承受它帶給我的折磨，安於命運的安排。」

庫埃先生說：「一位患失眠症三十五年的病人，在四天前，可以安然入睡了，他就在我們中間。」

這位病人說：「我今天一覺睡到了早上六點，那時我還誤以為是晚上十一點呢，然後又痛苦的想著這又將是一個不眠之夜，但是這是我聽到了街上的喧鬧聲，我才知道，真的已經到了早上！」

庫埃先生說：「好的，現在回到我們的實驗中來，這位先生，你已經看到了那位小姐是如何做的實驗，你是否可以做一下同樣的實驗。你將會做一次很好的示範，因為你也有著同樣僵硬的胳膊和緊扣在一起的手指。」（這是一位患有精神官能症的先生，他沒有理解這個實驗的意圖，無法使他的雙手握緊。）

發生這種狀況令我非常高興，因為很多人都覺得這位先生是完全聽命於我的。我要求這位先生進入一種他完全不知道的思想狀態，在通常情況下，這個實驗是不會成功的！在做這個實驗時，你要滿腦子充斥著：我做不到。並且快速而大聲的喊出：我做不到，做不到，做不到！同時試著鬆開你的手。但是如果你真的在想：我做不到，那麼你就是無法鬆開你的雙手。這看起來很矛盾，但是這是對的！不是因為我說了，這個現象就會發生，而是因為你是這樣想的！我希望這可以讓你明白，你的思想是物化的思想。請你千萬不要獨自的進行這個實驗，因為這要求你準備好你的思想狀態，只有達到這種狀態，你的想法才能實現。

當你發現你不知如何思考下去，或者發現自己正被錯誤的思想引導，請你使用我下面的方法來抵制：快速的重複「不能，不能」來引導他的思想！這個方法的重點就是要求要快速重複以至於他無法去想「我能」！雖然你可能還是不相信，但是從你的笑容中，我看出你已經開始注意到這些話的重要性了！

接著，庫埃先生請一個小孩和一個年輕人做了另外的實驗。

庫埃先生對小孩說：「將這支鋼筆夾在你的指間，並對自己說：我想讓它掉下來，但是我做不到。」（這個小孩用手指夾住了鋼筆，頭腦中想著「我做不到」，但實際上卻做著「要做到」的事情，但是他越這樣想，就越無法做到，而且他的手指夾得更緊了。）庫埃先生又對小孩說：「現在想：我能做到！」（小孩指間的鋼筆立即掉到了地上。）

庫埃先生對另一個小孩說：「小朋友，請起立，看到那邊那個站立的年輕人了嗎？過去對準他的腦袋來一拳，並不斷的對自己說『我要打中他，但是我做不到』，那種感覺就像你們之間有一個屏障阻擋了你的拳頭打向他的頭。」

庫埃先生說：「正如大家所見，頭腦中的一切合理的想法，都變成了現實，這都要依靠你正確的想像。如果你一直用正確的方式想：我做不到，然而這個想法在快結束時又轉變為：我能做到，再然後你又重複第一種想法：我做不到，最終的結果是你發現你竟然還是做到了。於是結果就表明這個試驗失敗了。」

庫埃先生對全場嘉賓說：「現在，大家應該已經完全地理解我的意思了，為了讓你們不被周圍的事物所打擾，我請你們閉上眼睛，這是你就會更平靜，而且聽得也更清楚！」

「接著，請告訴你們自己，將我下面將要所說的每一個字都印刻在頭腦中。這些話必須在你的頭腦中生根發芽，不要被你的理智和意志打敗。事實上，對你來講，你現在是意識模糊的時候，你的意識以及你的器官都要絕對的服從。因為我將要說的所有話都可以讓你從中受益，這樣你們可以更容易地接受它們。」

「我宣佈，從現在起，你們身體內所有器官的生理功能都將得到改善，尤其像消化系統這種最重要的功能。首先，你將會在每天的吃飯時間感到飢餓，並且非常高興午飯時間的到來，但千萬不要暴飲暴食。其次，在吃飯時你可以做到細嚼慢嚥（這是對所有人而言，那些有肝、胃、腸病的人們要格外注意），確保在嚥下去之前，食物已經變成一種軟的、糊狀的東西。這種狀態的食物會更容易被你的消化道吸收，這段時間可能比較漫長，但是這樣你就絕不會感覺到任何不舒服、不順暢，像胃脹這些以前常犯的毛病都會逐漸地消失。

「在場的各位，如果你患有腸炎，你們會發現它的症狀在逐漸地消除，而且與之伴隨的黏液或膜狀物也會同時消失。如果你患有胃擴張，你會發現你的胃在逐漸的恢復它的彈性、力量和大小，它蠕動的越來越容易，使得食物很快的流過它進入小腸，也有助於腸的功能。」

「大家都知道，消化的改善等同於吸收的改善（對每一位均是如此，尤其是那些身體衰弱的人更是這樣），因為身體狀況會因為你吸收的食物而獲得改善，而且這些吸收的食物可以用來製造血液、肌肉，為你提供力量，吸收功能可以促進你生命本身的活動。你們過去的虛弱和疲勞都在消失，取代的是精力充沛、充滿活力，這使你的身體慢慢的變得強壯。大家中如果有患貧血症的人，這種症狀馬上就會消失，你們的血液無論是在品質和色澤上變得更健康，與健康人的血液沒有什麼差別。這樣貧血的症狀就一定會慢慢消失，其它讓你痛苦的衍生症狀也會消失。」

「還有那些月經不調的朋友：現在開始，你的月經週期會調整到每二十八天來一次，每個月持續的時間長度剛剛好，經血的量也剛剛好，月經的整個過程，你都不會再感到任何疼痛，腎、胃、頭都像沒有發生任何事情一樣正常運轉。並且你們也會擺脫月經期間的情緒不穩定和神經質。這就是一次正常的生理過程，它的發生不會再對你帶來麻煩！」

「每一天，你的消化和吸收功能也會正常進行，排便非常規律。這就是你們身體健康的一個表徵，請你一定要注意這一點，在這之後的每一天都不例外，只要你早晨醒來（或者早餐二十分鐘後，任何你喜歡的時間）你就會有一種想要排便的強烈欲望，這不需要求助於任何藥物和工具。」

「請大家滿懷信心，今晚當你想要睡覺時，你就可以立刻睡著並且一覺睡到天亮，往後也會日日如此。你們會在香甜的夢境中度過一夜，沒有夢魇的打擾。次日一早你就會感到舒服自然，神清氣爽，因為你休息得非常充分。以後的每個夜晚，無論什麼地方、什麼環境，無論其後如何，冷也好、熱也罷，狂風怒吼抑或是風平浪靜，你都可以安然入睡，而且睡得十分香甜，夢境也將是柔美幸福的，惡夢將會遠離你。」

「如果你的消化、吸收、排泄，以及睡眠這些功能都沒有問題，但是你覺得神經緊張，那請聽我說：你的緊張馬上就會被安寧所取代。你們發現自己竟然可以控制自己了，所有病症都會逐漸消失，你們也覺得自己不再經常生病了，所有曾經讓你頭疼的症狀都在減輕和消失。」

「最後我們將提到最重要、最基本的一點：如果你始終沒有自信，那這種懷疑的感覺也會逐漸消失，慢慢的你會對自己充滿信心。我要重複一遍，你們將對自己充滿信心；我要再次重複，這種自信可以讓你完成你的夢想，只要你的夢想是你能力範圍之內的事情，那就無論環境如何、條件怎樣了。因此當你希望去做一件合理的事情，一件你職責範圍內的事情，就要相信自己一定能辦到，這件事並不難。下面這種阻礙自己成功的話，大家一定要把它們趕出自己的腦海，千萬不要時刻掛在嘴邊：

『困難……不可能……我做不到……它比我更強大……我忍不住……我無法阻止自己』，如果你們認為你要完成的任務很難或不可能完成，那你就真的無法完成這個工作了，這僅僅因為你們是那樣想的。如果你的語言轉變為：『這很簡單……我能做到』，這些話語足夠你創造出奇蹟。一定要相信，無論別人認為你的任務有多難，但對你來說這個任務輕而易舉。你絕對有把握將任務漂亮又乾脆的完成，並且心情也十分愉悅，毫不疲憊。」

無論何種性質的暗示，都可以傳達給身體各部分，然後立刻得到反應。在這整個過程中，意識和意志會產生很大的阻礙作用。所以我們一定要能夠控制自己的潛意識——自我控制。

Suggestion and Autosuggestion

第八章：運用暗示幫助治療疾病

我要強調一下我們前面提到過的問題——自我暗示的力量是無限的（願望要在合理的限度內）。因為我看到自我暗示在很多患了絕症的病人身上發揮了作用，改善了他們的狀況，連他們最為誇張的願望都有可能實現。

下面說一下自我暗示治癒疾病的具體情況。

即使是你生理上真的患病，也是可以使用自我暗示治癒的。雖然很多醫生都曾草率的說過一些與此完全相反的理論，但是在法國和其他一些地方的圈內人士還是認可我的理論的，為我的理論都被不同的人證實過。維切特博士是巴黎心理治療學校的教授，他將暗示與自我暗示作為藥物治療的輔助手段，就在不久前他採用這種方法治癒了一位年輕女士的胃潰瘍。進行治療時，醫生替她照了X光，並進行了正確的診斷，建議她進行手術治療。這位女士在藥物治療和其他療法都無效的情況下，進行了暗示治療，然而這使她在兩個月內奇蹟般的痊癒了。更神奇的是在暗示治療的第一個星期裡，病人的嘔吐症狀就完全消失了。

維切特博士有過另一個病例：一個年輕的女孩數病纏身，她本身患有肛裂，並且在她的第十根肋骨上長有一個瘤，她已經患病兩年，且已經臥床休息三個月了，她的體溫總是高於常人，總之身體狀況是很糟糕的。但進行暗示治療的兩星期內，她就完全康復了，腫瘤消失、肛裂也癒合了。

有時採用暗示治療，即使沒有完全治癒疾病，但是疾病的症狀也是可以減輕和消除的。我的從業過程中，最不想尋常的病例是這個：有一天，一對父子來到我的研究室，小男孩臉色蒼白、身體瘦削，斜靠在他父親的身上，走一步都要休息一下，呼吸困難。這是個可憐的孩子，我不覺得能把他的病治好。透過父親的介紹，我得知男孩子患有心內膜炎，在我大略瞭解小男孩的病情後，我拉住他的手，用一些我平時常做的演示向他解釋自我暗示的力量。例如，我讓他握緊雙手，並且不停的說著：「我不能鬆手，我不能鬆手」，他便真的無法把手鬆開。我說服了這個男孩，他開始信任我。他保證每天都要複誦我教他的話，然後充滿信心地離開了我的研究室，之後的每天他都認真地練習自我暗示。直到幾週後我再次見到他，他的變化真是令我驚訝。他可以靠自己的力量走動了，呼吸也順暢了。不過，他的病情依然很嚴重。他依然每天堅持對自己說：「每一天，在每一方面，我正變得越來越好。」我第二次見到這個男孩子時，他正在踢足球！在戰爭期間，他因為醫療診斷證明他仍然受著病痛的折磨而免除服兵役。但他看起來是一個非常強壯健康的男孩。這就證明，即使疾病本身不能完全治癒，自我暗示也可以幫助消除所有症狀，讓病人也可以像健康人一樣享受生活。

根據一些權威機構的研究，糖尿病有時是由精神問題引發的。糖尿病多數屬於器質性病變。但是只要堅持進行自我暗示練習，那無論何種糖尿病都可以被治癒。不久前就有一個糖尿病患者在一個月內，成功地大幅降低血糖含量，同時還消除了一些併發症狀。

我不敢說自我暗示可以治癒肺結核，但我卻十分肯定肺結核的症狀，可以透過自我暗示來減輕。自我暗示的練習使得各種器官功能得以提升，患者身體的抵抗力也變強了。有一個年屆六十的女士，她在年輕時就患上了肺結核。當我第一次見她時，她僅有九十八磅重，我覺得她命不久矣，但是，她卻因為自我暗示而獲救。經過自我暗示，她將健康的意念扎根於她的潛意識，並且賦予她自信，曾經醫生認為她的肺充血肯定沒有辦法治療了，但是她卻完全康復了，並且體重還增加了二十六磅。

坐骨神經痛、胃病、便祕、哮喘和頭痛，也是可以透過自我暗示治癒的。一個三十年受頭痛病折磨的男士，每週都要定期服用阿斯匹林以及其他一些類似藥物（他的頭痛其實是因為自我暗示而造成的，他認為他在某天會頭痛，結果他真的頭痛了）。而在他使用自我暗示療法之後，他的慢性頭痛病被治癒了。前些天我收到一封曾經患有坐骨神經痛的男士來信，他說自從我向他解釋了自我暗示的原理後，他的病就再也沒有犯過。

自我暗示還有一個令人驚訝的功能，就是可以修復損壞的組織。這是符合自然規律，也是符合邏輯的，因為已有的結果證明了這種功能。

自我暗示可以讓女人們永遠青春美麗，不要覺得這段話只是用來安慰那些害怕青春逝去的人們。相信我，只要認知到自己擁有這個能力，你就可以做到。有一個住在你潛意識裡的精靈，她有煥顏美膚的神奇功效，也可以讓你的目光重獲靈氣。要經常幻想自己擁有曼妙的身材和嬌豔的容貌，這樣你就可以改變。但請注意，無論怎樣幻想，你都不可能改變你眼珠或頭髮的顏色，也不可能改變鼻子或下巴的形狀，我們的願望只能在合理的範圍之內才可以實現，但是對於抵抗衰老和疲勞，自我暗示確實可以有一定的效果。只進行自我暗示時，想像是非常關鍵的，假設你有一個有待完成的工作，如果你預先就想：「這個工作肯定困難、累人。」那你一定會覺得疲勞而且情緒煩躁。但是如果換個角度想：「這是一個富有樂趣，且非常容易的工作。」那麼你就不會覺得疲勞了。

練習自我暗示時，必須要與自然法則結合，我們運用的是身體自身所存在的自然之力，所以我們不可以違背它，我們必須使用理智的生活習慣：一日三餐準時，限制食量，吃飯時細嚼慢嚥；體育訓練也必不可少，但是要量力而行——這就是自然法則。只要將自我暗示與自然法則相結合，你就能保持生理和心理的健康，並且能成功抵禦疾病。

我也必須聲明，我沒有說可以完全忽略醫生的話，相反地，醫生的意見是相當重要的。在許多病例中，醫生的意見、藥物和護理都必不可少，而且醫生的聲望、陪伴和鼓勵對病人也是大有裨益的。如果這時醫生又正好懂得心理暗示的知識，那麼在他開處方的時候結合恰當的暗示，就會使疾病的治療事半功倍。我真希望患者和醫生都可以瞭解：自我暗示是對付疾病的最強大武器。

接下來，我們將具體介紹自我暗示在治療各種疾病的例子。

對每一種疾病都有專門的暗示：

疼痛

無論什麼部位的疼痛，腳上、腿上、膝蓋上、背上、甚至是心理上，請相信我下面所說的話，無論是關節炎或者其他任何疾病導致的疼痛，從它開始疼的那一刻開始，這個病就會開始減輕，而隨之而來的疼痛也會逐漸消失。如果疼痛又復發的傾向，不要像從前那樣總是提心吊膽、為它而呻吟。你要這樣對自己說：「我能讓這種疼痛消失，並且不費吹灰之力！」但是千萬不要有一丁點的懷疑，比如這樣說：「我將試著去讓這種疼痛消失」，因為這是在表達懷疑。這樣的目的是為了讓你有自信一定可以成功，疼痛也一定會消失（這個規則不僅適用於生理上的疼痛，也同樣適用於精神上的痛苦）。這樣每當你的身體或精神感到疼痛時，請你心平氣和的走入你的房間（如果條件不允許，你也可以在其他室內做下面的事情），閉上你的雙眼，如果精神上痛苦，請你將手輕輕地放在你的額頭上；如果是生理上的疼痛，就把手放在疼的這個部位，然後多次快速的重複下面的話：「疼痛馬上消失了，疼痛馬上消失了」，不要擔心會被嘲笑，因為更重要的事情是減輕痛苦。為什麼一定要快速的重複「疼痛馬上要消失了」這句話呢？因為這樣的速度可以避免相反的想法自然地強加進這兩句話當中。多次反覆重複這句話，直到這句話被刻進我們的潛意識中時，也就是我們不再疼痛的時候，用這個方法無論是生理上還是心理上的疼痛都可以消失。如果疼痛又復發了，那就再重複這個過程，二十次、五十次、一百次甚至更多，如果很嚴重的話，你甚至可以用一整天來說：「疼痛就要消失了」，這樣做比只在那裡承受痛苦或者抱怨痛苦要強多了。

一定要有耐心的與疼痛鬥爭，不堅持到把它從你身體的最後一個地方趕出去就不甘休。剛開始你使用這個方法，重複的次數可能很多，那到後來重複的次數就慢慢變少了。比如說，如果今天你說了五十次，那明天就只需用四十八次，後天就只需要四十六次，這樣持續下去，終有一天你會用最短的時間達到最好的效果。

肺部疾病

我要告訴有肺病的朋友們，你們的身體將變得更強壯有力，因為你們呼吸系統將會逐漸好轉，直到康復。你們的肺會主動去尋找可以修補損傷的肺、支氣管或胸部的必需營養。等到這些損傷都治癒之後，這些損傷所帶來的不適症狀也會減輕直至消失。如果你有期待，且仔細觀察，你就會發現這些症狀在數量上正在逐漸消解，而且消解的過程越來越容易。那些一直是你壓抑的痛苦會逐漸減少，你咳嗽的次數也越來越少，咳嗽的程度越來越輕微。直到最後症狀徹底消除。

眼疾

我要對那些患有眼疾的朋友們說，你們眼睛的損傷將會一點點地修復，最終消失，你會看得越來越清晰，原來越遠，目光越來越敏銳。對於患有近視的人來說，過去因為你所要看的事物成像於水晶體的前端而使你看不清楚，同時水晶體也有些變形，現在物體成像的位置遠了一些，又遠了一些，終於在某個時間裡，物體恰好成像於你的水晶體上，你的水晶體也恢復到它正常的厚度，這樣視力就恢復正常了。

小孩尿床

親愛的孩子們，用不了兩週的時間，尿床這件事情不會再發生在你的身上了。從現在開始，每晚當你熟睡時，如果你想要小便，那你一定會醒來，以後也總會如此。醒來之後你就會馬上完成這件事情，然後回到床上，一碰枕頭就睡著，而且睡得很香，直到第二天一早。如果有兩次，你都這樣，因為需要立刻起床而且你也起來了，當需要滿足後，你又可以很快入睡，那麼你就可以認為你自己不會再犯這種錯誤了。不過你一定要堅持對自己進行暗示，告訴自己：每天，我的各個方面變得越來越好。這樣你就可以從這個方法中終生受益，不再尿床。

腿部有缺陷的孩子

親愛的小朋友，是不是覺得你的右腿不如左腿結實？請你相信我，你的身體將變得非常強壯，並且在這個過程中，你的身體會吸收很多對形成新肌肉細胞有益的元素，這些元素會被你的右腿吸收，增大你肌肉的尺寸，使得它們強壯起來，你每天都會發現你的右腿將逐漸變得粗壯，你那本身就不算嚴重的跛腳將變得越來越不明顯，最終會徹底消失。

神經性痙攣

患有神經性痙攣的朋友們，請你們相信，你們的病會越來越輕，最終痙攣將不再發作。即使有痙攣的趨勢，你也會提前有感覺的。這個病一定會在它正式發病前給你發出警報，這就給了你充足的時間做準備。一旦接到警報，你就會立刻聽到一個聲音，像閃電劃過天空般迅速的對你說：你不會痙攣發作的，這個趨勢正在消失，它已經消失！這樣最終你就可以躲過一劫，因為痙攣症狀還沒來得及表現出來就消失了。

讓孩子們熱愛學習

對於各位小孩子們，從現在開始，你們都是遵守紀律、尊敬師長的好孩子。你們聽從每一個應該尊重和服從的人的話，當這些人告訴你們要做某件事情，你們就會按要求去做。過去當別人告訴你要去做某件事情，並對如何做這件事加以說明，是你們總會覺得自己已經做過了，或者覺得囉嗦厭煩。但是現在你們知道，別人的批評和指責是為了你們好，而不是在與你作對，你不應該怨恨那些對你提出意見的人們，而是應該對他們表示感激。進一步講，你們將會愛上你們的工作，你們的工作就是完成學業，你們會深深的愛上你們必須學的那些東西，尤其是那些你們目前沒有注意的部分。孩子們知道你們為什麼討厭這門或者那門課嗎？因為你們普遍都會想像自己不喜歡某些功課，你們說：「噢，我討厭數學，我痛恨歷史！」你們討厭這些課只是因為你們想像自己討厭，所以如果可以讓孩子們進行相反的想像，那他們就會喜歡這門課了。我說的這些，將會在未來得到證明。你們發現自己可以很輕鬆地學習任何東西，並且熱愛所有正在學習的東西，從今以後，每天上學，你們可以很容易的把注意力集中到老師講的課程上面，而不會被同桌或其他什麼人或事分心。請相信你們是非常聰明的，你們可以很容易的理解並記住你們要學習的東西，並且可以活學活用。以後無論是在家裡還是學校，你都可以將注意力集中於你必須完成的任務上，這樣，你們的功課就不會總被人督促，學習成績也會蒸蒸日上。

心臟病

心臟病患者，請你聽好：從現在開始，你們的潛意識和身體將會盡全力去彌補它的創傷，這些創傷是完全有可能修補的，那時你的心臟就會正常的運轉，血液循環也會變得順暢，心悸的頻率將會逐漸減少，最終徹底消失。

兒童心臟病

小孩的心臟病也是可以透過心理暗示治療的，我們可以對小孩的媽媽說：孩子的病可能並不能被徹底治癒，但是他同樣可以享受生活，請相信身體本身可以對疾病做一些補償。這樣雖然疾病並沒有治好，但是孩子將不再痛苦，他可以像正常人一樣享受生活。就像我在一九一二年治療那個患有心內膜炎的男孩一樣，他的病沒有被治好，在戰爭期間，他有兩次都未服兵役。可是他可以像普通人那樣騎自行車、踢足球、遠足，還有一件可喜的事情就是：在三個月前，他結婚了。

腦炎後遺症和癱瘓

腦損傷的患者請注意，這些曾經發生在你腦部的損傷（腦炎後遺症）正在恢復，而且還將繼續好轉下去。隨著內部機制的恢復，你外在表現的那些症狀也在逐漸減少。過去由於虛弱和厭倦，你總是看起來有些遲鈍，這種狀況也會慢慢消失，最終你將可以充滿活力，聰明機靈。那時候你將會有要工作的願望，這種對工作的願望是必須的，即使只是在花園中挖坑再填起，然後再挖坑、再填起這樣往復循環，也請你一定要去工作。（以一種命令的語氣跟他說）如果你想跟我在一起，那就一定要堅持工作。

鼻部疾病

親愛的朋友，如果你想減輕鼻部疾病對你的困擾，請你一定要按我下面說的這樣去想像：你的身體和你的潛意識，將會盡力去做它們該做的事情，很有可能你所感覺到鼻子的不適也會消失，你的慢性支氣管炎也將逐漸地減輕，直至消失，至於你的哮喘病，雖然沒那麼快，它也很快就可以痊癒了。

腰腿疼痛

對於腰腿疼痛的病人，我要說，你將發現你的腰腿部疼痛正在慢慢減輕，它們將不再困擾著你。不要擔心它們會復發，要堅定的告訴自己：它們不會再找到我了。這樣你就會發現，原本的僵硬感沒有了，甚至就連胃部的疼痛也沒有了，還有什麼其他部位的疼痛嗎？不要擔心，潛意識將會將它們一掃而光。

腎臟與膀胱的病痛

各位腎臟或膀胱有病痛的朋友們，請你們相信，這些損傷正在恢復當中。不需要多久，它們就可以完全被治癒了，你將擺脫困擾你已久的疼痛。而且你的尿液也將變得與常人一樣，不會有什麼特別的沉澱。

結石

有結石的病人們，請相信我下面的話，將會為你帶來康復：你們身體自身的營養將會得到均衡，腎臟不再會形成過多的尿酸。你只需要多喝水就可以改善你現在的狀況，水喝得越多，就越難形成尿酸的結石，這樣你的疼痛也會減輕。

壓抑不安

對於那些沉浸於壓抑不安中的人，我要對你說，一切將變得越來越順利，這種壓抑不安的情況也將越來越少，同時你越來越覺得自己的身體和精神都充滿力量，這種精神和力量可以滿足你工作一整天，而不感到絲毫疲倦，請相信，只要你使用正確的暗示方法，不讓意志參與進來，並且懂得去積攢而非浪費那來之不易的力量，那麼這個令人期待的時刻馬上就會到來。

舌頭腫塊

如果你的舌頭上長了一個腫塊，急需手術治療。那我要告訴你，你的身體會盡力讓這些多餘的細胞消失，健康的細胞會在原來長有腫塊的部分重新生長，來修補過去腫塊所帶來的損害。

膿腫

我要告知所有患有膿腫的人們，你們的身體將盡全力去使膿腫消失，腫脹的部位將會縮小，膿液的量也將減少。膿腫造成的傷疤也將被修復，然後重新長好。最後，你就完全的康復了。

身體顫抖

患有這種疾病的朋友們，無論是僵硬、顫抖、背痛還是無法保持直立，請你聽我說，無論你損傷了大腦或者神經系統中的什麼部位，也不管這種損傷時如何產生的……你的這些損傷正在一天天的癒合當中，在這個過程中，疾病的症狀也會有所減輕，最終消失。你會發現，你的身體沒有那麼僵硬了，你可以輕鬆的站立起來了，你的手部和胳膊的顫抖也會不再那麼明顯了。你將感到你變得十分強壯，而其也將充滿自信。如果你行走有困難，那請你在走路的時候，邁開大步，慢慢行走，注意把雙腿分開，當你左腿前進的時候，把它放在右腿的前面；當你右腿前進的時候，把它放在左腿的前面。以這樣的方式，雙腿協調配合，你就能保持身體的平衡，正常的行走了。

靜脈曲張

對於患有靜脈曲張的朋友，我要告訴你，你的身體和潛意識正想盡辦法，來幫助你恢復靜脈組織的彈性和力道。在靜脈恢復正常的同時，曲張所造成的傷口也需要被治好。請相信，你的身體和潛意識，將會盡一切的可能，在潰瘍的傷口處生長健康的細胞，讓傷口癒合，最終你的靜脈曲張就可以完全被治好了。

靜脈炎

對於那些靜脈炎患者來說，我要告訴你，你的身體和潛意識將盡一切的可能是你的身體恢復健康。患有此病的人，是因為大靜脈被一些血塊堵塞，血液流通不順暢，造成了腫脹，這時候潛意識就會努力的去擴張你靜脈被堵塞部位的空間，容許血液自由流過。

疝氣

我要告訴患疝氣的人們，從現在開始，你的潛意識和身體將開始努力的修復你腹部的破裂組織，讓它們結痂，過去就是因為這破裂的小孔導致形成了疝氣。而從現在開始，你的潛意識將努力促使破裂的組織開始癒合（從破裂小孔的某一面），小孔會越來越小，疝氣的尺寸也會縮小。當小孔完全癒合時，疝氣病也就就痊癒了。

腫瘤

對於那些身體有腫瘤患者們，無論腫瘤的性質如何，形態如何，纖維狀也好，腺狀也罷，請相信我下面所說的話，你們的身體和潛意識將盡最大的可能，去制止這些寄生細胞的生長，你體內的腫瘤正在以他當時狂長的那種速度迅速的減小，最終被身體的免疫細胞所吸收消滅。

記憶力不好

常常抱怨自己記憶力不好的朋友們，我要對你們說，你記不住的原因在於你認為你就是記不住，你覺得你要回憶的東西已經丟失在你的身後。如果你告訴自己，你的記憶將重新回到你的腦海，那樣你就會發現自己記得非常清楚深刻。

惡行成癮

如果你對某種事情產生了無法戒除的依賴感，被它強烈的吸引，那去我來告訴你：這個東西對你的吸引馬上就要到此結束了，很快你就會對它感到強烈的厭惡，這種厭惡程度與你當時被它吸引的程度相當。到了這個時候，你就不會再有現在的煩惱了。

多疑

如果你是多疑的人，我要告訴你，你的懷疑和憂慮即將被一種十分確信、十分肯定的感覺取代，所有的不信任感都會一掃而光，你會找到你所尋求的一切。

消極的情緒和思想

你是不是會經常被消極的情緒和思想困擾呢？

現在我要對你說，你的想法會越來越少，越來越簡單，它們會漸漸鬆開對你的追逐，不再糾纏你。當消極情緒鍥而不捨的回到你腦中的時候，你一定要堅決的告訴自己：它將離開，它將離開。你知道這種消極的情緒會對你帶來怎樣的不幸，所以請一定要將它們關在意識的門外。同時也請你一定要明白，我是在輔助你治療你自己，也就是說真正治療你的是你自己，而不是我。你的情緒完全取決於你自己，這一點非常重要。

把我想成是治療者的壞處顯而易見，一旦你不在我身邊，那麼我就無法再幫助你，你就要重回過去的狀態。但如果你可以意識到你自己就擁有這種治癒自己的能力，那就另當別論了，每當需要的時候，你就可以自覺的去使用它。你的憂鬱傾向會被喜悅情緒取代，那些諸如恐懼、厭惡或任何可能會傷害你病態的想法將從你腦中消除。

請你正視這些想法，並且想辦法嘲笑它們，那樣你就不會再有這些想法了。想擁有樂觀積極的心態嗎？

請首先杜絕此類話語：我太老了⋯⋯、我無法克服它⋯⋯、這已經持續很長時間了⋯⋯、我總是會患這種病等等。這種話實在是太荒唐了，就是這些話語讓你的情緒和思想消沉。你要用那些積極地話語取代它們，比如：我正在康復……我正在好轉！這樣做，就可以為你的健康大樓添磚加瓦，很快恢復。這就是你需要的狀態：樂觀積極。

請配合我做下面的事情，當我數到三的時候，你就進入這樣一種狀態：你感到非常平靜，非常清醒，完全沒有睡意，完全沒有疲憊，無論是生理還是心理都充滿活力，健康向上。我要開始數了，一……二……三。

Suggestion and Autosuggestion

第九章：怎樣實踐心理暗示治療

有一種非常微妙並且難以用語言描述的力量，這種力量在治療師全神貫注的進行治療時很容易被激發。如果治療師全心全意從病人的利益出發，那麼治療師頭腦中所構建出的所有規劃都可以被病人感應到，就如同心電感應那樣。

適宜的環境

進行治療最適宜的環境應該盡可能的不分散病人的注意力。無論是聲音還是圖像，都要排除在病人可以感受到的範圍之外。關緊窗戶，拉上窗簾，沒有窗外景色和噪音的污染，這樣正在接受治療的人就不會被干擾了。

試想一下，在進行暗示訓練期間，如果有陣陣的清風拂過你的臉頰，你的注意力如何能集中起來呢？如果想碰觸病人的潛意識，讓暗示發揮最大的作用，那就一定要使治療環境與理想環境靠近。

病人所處的環境應幫助病人產生這樣一種感覺：將要有什麼事情發生。因為這種感覺有助於病人接受治療師的思想，使暗示更容易發生作用。

淡雅清新的色調，有助於病人放鬆身體、產生舒適自然的感覺，進入被動接受的狀態，甚至於忘記了自己的存在。

我們治療師所處的位置沒有沒有什麼硬性的要求，在病人的前方、後方、站著、坐著都是可以的。只要確保你那微型探測器（你的直覺）可以正常運行就可以了。

成功的治療師很少會使用大聲的對病人高談闊論，而是會輕輕的說出他們心中堅定不移的信念——奇蹟正是因為這樣創造出來的。

我們無法否認用語言傳遞思想這種方法的重要意義。只要聲帶微微震動，詞語適宜，那就會產生明顯的療效。在我舉辦的活動的中，每當我讓那些因我的語言而康復的人舉手時，總有很多聽眾積極回應。

你的心中要有堅定的信念與信仰，然後用肯定的語氣告訴病人：你會康復，你的不適與痛苦都會消失得無影無蹤。然後再進一步堅定病人的信念，讓他自信滿滿。

一定要堅持你的思想和信念，你可以採用多種方式進行指導和治療。不過你一定要真誠，充滿善意，因為你思想中的有些東西，遠比語言更真切。病人的病痛、失意、自卑與憂鬱，通常會因為治療者與病人之間存在的心靈互動而消失，與此同時新的希望與憧憬會進駐病人的思想。這是病人接受治療後，在內心與靈魂的最深處產生非常微妙的心理變化。

你的指令必須在病人處於被動接收的狀態時才有效果，那就要讓病人放鬆，可以試著這樣做：讓他的雙手攤開，倒向一邊，然後提升他的意念。像這樣重複若干遍。

治療師可以示範給病人看，坐在椅子裡，讓病人與他一起做。

同時給他做有利於他身心放鬆、集中精力的肯定暗示：「現在，你感到特別輕鬆、舒適、安心、自在；輕鬆、舒適、安心、自在；輕鬆、舒適、安心、自在。」

與病人進行交流時要滿足病人的需要，談論的話題要令他感到舒適與平靜，一定要避免讓他激動甚至引發爭吵。聰明的治療師明白，他需要做的是為病人進行治療，而不是在給他們灌輸某些信仰。

其他準備事項

在治療前，病人必須從治療師那裡得知良好的消化與排泄的重要性；而治療後，為了鞏固和穩定療效，必須要再次重複。如果將生命最基本的新陳代謝法則置之腦後，那麼精神力量再強也只能產生瞬間作用無法持久。

在塞拉・杜蒙特《精神療法》中解釋了這種觀點。

好的治療法可以恢復消化系統自然運作的功能；在功能得到恢復後，病人就需要學習如何去保養它。如果想改善胃功能，那就不可以只局限在對胃本身的治療上，我們還應當關注消化腺和胃液——相信消化腺對你的積極反應會令你十分驚喜。消化腺會產生充足的胃液及胃蛋白酶，保證胃合理、有效地進行工作。如果在飯前使用這種療法，那就可以會促進病人的食欲，使病人完美的享受饕餮盛宴。這是充滿樂趣並具有指導作用的嘗試。

像前面所說的那樣，胃在完成消化後，食物就會接著進入小腸。小腸是呈管狀的，巧妙的盤踞在體內，有二十——三十英尺長，卻只需要相對狹小的空間裡。要注意小腸與結腸和大腸的區分，結腸、大腸負責消化系統的搬運功能，而小腸卻是消化器官的重要組成部分，它的管內密佈著小腸絨毛，這小腸絨毛負責著重要的消化功能，正常情況下，當食物通過時，它們便能從中吸取營養了。

進入小腸的食物，會遇到一股來勢強勁的消化液——膽汁，它由肝臟生產生，每天大約有二夸脫，儲存於膽囊。它會與食物混合並產生反應。隨後有另一種消化液與食物混合，它就是胰液，它由胰腺產生，每天大約有一・五夸脫。胰腺位於胃的後方。膽汁和胰液都用於消化食物中的脂肪，然後將營養物質送入血液。膽汁可以防止食物在小腸中分解和腐爛，也可以中和胃液，使胃液在此不能產生任何作用。

如果消化系統出現問題，醫生一定會同時檢查小腸、胰腺和肝臟。小腸和胰腺、胃差不多，都是容易受精神療法影響的器官，這兩種器官屬於溫和型的，用動物來比喻就像是聰明的獵犬。而肝臟，用動物來比喻就像是豬或騾子，所以對於這樣固執而遲鈍的器官我們一定要表現得堅決、強硬，要反覆對它說：你必須要正常、高效地運轉下去。

食物從口中進入消化系統，在進入小腸之前被消化成柔軟的半流質。這種由胃進入小腸的半流質被稱為食糜。食糜在腸液、膽汁和胰液的作用下，轉變成三種形式：

（一）由蛋白質類物質分解而成的有機化合物；

（二）由脂肪分解形成的甘油和脂肪酸；

（三）由澱粉類物質分解而來的葡萄糖。

我們一定要注意，小腸是吸收不到進入胃中的液體消化物或消化中產生的液體物質的，因為這些物質會很快就被胃部吸收，然後送到血液、腎臟、膀胱，最後，以尿的形式排出體外。但是因為水分是人體生理活動所必須的，所以並不會完全排空。

擁有堅固的意志力是非常重要的，可以透過讀書、聽講座、自我反省或做禱告的形式提升意志力，因為精神力量可以影響身體健康。

治療進行前，最好向病人解釋清楚心理治療的工作原理，並告訴病人你想要達到的療效，而且要信誓旦旦的告訴他，很多很多人已經透過這個方法康復，並信心滿滿的告訴他，疾病一定會治好。

在對病人進行心理暗示治療期間，千萬不要與病人爭論，也不要涉及太多的理論，如果想說明一個問題，就可以採用舉例的方法。可以這樣說，當病人因你的治療而獲得成功、富足和幸福時、當病人成功的接受並使用了肯定法時，你就會感到像是將散開的珍珠穿成串一樣的成功。

進行治療

在病人明白了精神擁有巨大的力量、以及消化、排泄、新鮮空氣和水所產生的重要作用之後，就可以開始使用暗示療法了。

讓病人處於合適的治療環境中，讓他以舒適的方式倚靠在沙發中，然後對他進行如下的暗示：

「先生，你的身心都在放鬆的過程中，你感覺到寧靜、祥和與閒適，神經系統在正常運轉，心臟也在一如既往的跳動，所有器官健康的工作。聽過這段話的過程中，你感覺更加平靜輕鬆了。」

「這段話說我之後，你的身體舒展開來，神經也鬆弛了，心境也更加的平靜了。」

「現在你覺得更加安靜、舒適、寧靜和鎮定了。你被無窮的愛包圍著。平靜與自信佔領了你的內心，你因此充滿了力量與勇氣，希望與健康。」

「療程正在繼續，我們要將你剛剛感受到的力量與和諧賦予不同的器官。首先，你的消化系統所有器官都在放鬆，配合協調，充滿活力。經過暗示後，你的胃可以更加輕鬆的工作，可以向全身所有的部位輸送營養；也可以讓整個消化過程也進行的順暢。這樣的消化過程讓你感覺到身體充滿了力量與活力，讓你充滿了勇氣與膽量，也讓你所有的細胞獲得能量、保持活性，讓他們保證良好的進行工作。現在就讓你的消化系統為你提供充足的營養。」

「你的胃很健康，工作狀態很好，各項生理功能完善。你的胃完全有能力、也非常願意正常的工作，為你供給必須的營養。現在它正在高效地消化著你攝入的食物，向你展示著它的力量和能量。」

「只有擁有正常的消化系統，才能保持身體健康，所以我們要先從胃和消化系統入手。這些器官都願意主動完成它們的工作，就在我跟你說話的時候，你就已經身處於輕鬆、寧靜、安詳之中了。這些感覺正在你的身體中蔓延，讓你變得強壯。」

「你做任何事情都遵守大自然的法則，完成你應盡的工作，你總是樂觀向上的面對生活，歡樂的思想填滿你的腦袋。而這些正面積極的思想，也正在感染著你的消化器官。現在你可以坦然的接受來自周邊的愛意，你感到歡快、輕鬆、舒暢。請你現在不斷的對自己重複，我輕鬆、舒暢、快快樂樂；我積極、堅強、意志堅定。」

「現在你覺得自己正處於恢復當中，精神抖擻。循環系統也被激發起來，心臟跳動得有力帶勁。

它源源不斷的向身體輸出新鮮的血液，血液從肺部運載上新鮮氧氣，變得清新而充滿活力，然後這樣的血液再傳遞給身體的各個組織和器官。你的一個微小念頭就可以讓心臟工作得津津有味。」

「自由自在的血液，流過你身體的每一個角落，讓你的身體保持健康、充滿力量，讓你一天都保持活力四射的狀態。」

「胃部與心臟演繹著完美的配合。血液與剛剛吸入的氧氣結合，然後將那清新有益的能量再傳遍身體各處，同時完成氧分與廢物的交換，廢物和雜質都可以經由血液運載出細胞與組織。」

「現在，請進行幾次深呼吸，吸氣，你就可以感受到身體所接受來自外界的能量；呼氣，你在排出體內的廢物。是的，你在吸收能量，排出廢物；你在吸收能量，排出雜質；你的潛意識已經接受了暗示，症狀吸收著能量與力量；現在你覺得你正變得強壯。」

「先生，請你一定要注意你已經開始遵守自然法則，食物和飲水都是你需要關注的，你的消化系統和排泄功能正在恢復正常。補充水分需要你喝很多的水，在你喝水時，請這樣想：『這口水可以將我體內的雜質沖刷乾淨，它路過的地方都可以更加健康、乾淨。』水是生命之源，我們必須要多喝水。我們那不願喝水的不良習慣，導致我們生病。所以請一定遵守自然的法則，多喝水，喝天然、乾淨的水。」

「足夠的水分可以讓你的腸子規律地蠕動起來，排出體內的廢物。明天早晨開始，你的腸子就可以正常、自然、有規律地工作了。要堅信在以後的每一天裡，你都會在臨睡前反覆對你自己說：『我的腸子，我命令你輕鬆自然地運轉起來，從明早開始你就恢復健康的工作狀態。』」

「現在我們休息一會兒，儘量放鬆身體（這時，醫生停頓一下）。你現在感覺比任何時候都更加強壯。你的神經和身體都處於非常舒緩的狀態，心態也十分平和，比你開始時狀態好多了。明天這種感覺會更加強烈，而且每天也都會比前一天更加的好，這種變化會持續下去。這種康復的感覺讓你覺得棒極了，你的全身都充滿了愛與關懷，令你陶醉。相信上帝是與你同在的，他會帶領你走向希望彼岸。這健康、成功和幸福的信念始終圍繞在我們身邊，伴隨著我們一點點康復起來。」

當然這種治療方法是可以作出調整的。這種方法也適用於對成功和富裕的渴望。無論何時，你想跟你的器官對話時，那就一定要直截了當的告訴它：它有能力，它有希望。你感到前所未有的勇氣與力量；你仍然如年輕時一樣充滿活力；你那消磨殆盡的雄心壯志被再次喚醒；你那偉大的抱負，也開始蠢蠢欲動。你相信體內的勇氣、信念、力量與抱負佔據了統治地位；你的夢想即將實現；你心中的西班牙城堡正在一磚一瓦扎扎實實的搭建當中；那股力量已將你的思想填滿。

讀者也可以按照上述方法，對自己渴望的事情進行暗示，可以是成功、富裕等等。進行暗示的方法，暗示的環境，你的心態、聲調等因素都要有與前面相同的要求。

而如果身體其他部位有問題，比如頭疼、精神官能症、舊病復發或精神疾病，也可採用自己的方式進行治療，這些自我療法也同樣可以產生明顯的效果。

治療師的工作準則

治療師一定要遵守這個準則：進行暗示治療時使用的語言一定要樸實、準確、直接。如果無法做到這幾點，那治療效果就會不盡如人意，因為病人並不能明確地瞭解你的意思。所以為了使療法可以快速起效，就一定要遵守這個準則，將暗示直截了當地提出來。

要做到這個準則，治療師可以有意的訓練一下自己，練就一副「擁有魔力的嗓子」。可以任由你調節它的音量，聲音可以大到震耳欲聾，也可以小到只有你一個人聽到清楚。但最重要的還是要讓別人能在你的話語裡感受到理解、關懷、愛護、信念、勇氣與力量。

學習演員的訓練方法

演員經常一邊對著鏡子一邊念臺詞，以此來提高自己的演技。這為我們提供了一種對比，這種對自己從業素質的嚴格要求與精益求精，是我們職業心理治療師需要學習的。

現在試著想像你正在對一個病人進行暗示治療，病人正舒適地躺在你身邊，現在試著暗示病人去尋求健康。斟酌一下將要使用的語句，並多次重複關鍵字，這樣才有可能達到你的目的。要讓他從你的話語裡體驗到希望與力量，並被你說服。你要始終充滿信心，相信那暗示最終會植根於病人的潛意識中。

在為你那想像中的病人斟酌好要使用的語句之後，就要用肯定法的形式將這極具震撼力、充滿力量、和諧與健康的話語表達出來。你可以將這種力量、能量、震撼力與說服力發揮到極致，連你自己都為之驚歎。

你要經常在想像中對病人進行暗示，直到你都能感覺到自己充滿了感情，那深情的暗示與流露：「我堅信這份工作適合我，我無怨無悔的選擇它。」然後望著你假想中的那個病人。直到你從這目光中捕捉到那執著而誠摯的心。假設僅僅是匆匆的一瞥，可是你身為治療師，你的眼中應放射出信念、勇氣、關心、愛與健康的光芒——這光芒耀眼奪目。就像那戀愛中的人們目光中所放射出的那濃濃的愛意一般。

這並不是催眠術，而僅僅是在訓練你眼神的力量，希望這眼神可以將你的暗示植根於病人的潛意識中去，並能深深地打動他。

當然，目光的訓練固然重要，但也要有病人的信心、信念與虔誠配合，才能使治療產生效果。

親和力

那能夠引起共鳴的嗓音，反覆斟酌的詞句，以及有暗示功能的動作，都是非常重要的。但如果你缺少那種溫馨的親和力，那所有的精神療法都將是無法實施的。因為你所面對的那些病人，有很多被世人誤解、取笑、排斥，甚至被看做是怪物。

從理解病人到感化病人只是一線之隔，只有當你真正地瞭解和體諒病人時，你的語言才會具有感染力。治療師要幫助病人對未來充滿希望。只有這樣，病人才會信任你，才會更易接受你帶來的活力與自制力及其他有益的信念。

治療師不應當只是進行死板、做作的說教。他應當這樣：話語裡充滿了誠意、感情與力量。聲音是是他思想的延續，他會竭力使他的思想流淌在病人的心裡。他應該熱衷於治療疾病，傳播健康。他的聲音，向每一個聆聽他講話的人傳遞著健康、力量、勇氣、活力以及愛和信念。

意志堅定

剛剛強調完要有親和力，要善解人意，現在又強調要有堅定的意志，似乎有些矛盾。但是對於治療師來說，他既要寬容忍耐，又擁有足夠堅定的意志，這非常重要。因為只有這樣，病人才有願意跟隨治療師學習完善、成熟的生活方式，並堅定地走下去。這方式主要包括：體育鍛鍊、訓練呼吸、平衡飲食、調整睡眠等等。對病人進行治療時，治療師要做到鎮靜且堅定不移地看著病人，盡力將治療進行到底。

在談論病人的病情時，不要遲疑、躲閃。但前提是你所接的工作一定是在你能力範圍之內的，這樣一旦你接下這個病人，你就可以毫不猶豫的向病人展示你的滿懷信心，並明確地向病人保證：「我能治好您。」

千萬不要對病人說：「你目前的狀況並不樂觀，我不能保證你一定會康復，但是我會盡力。我們立刻著手尋找更好的治療措施。」或是「這個病沒有希望治好了」或「回去準備一下後事吧，你的時間不多了。」很多醫生選擇說這種話可能是為了讓病人回家療養，但實際上卻毀掉了每一個聽到這些話的病人。

病人需要的是能給他們治病的心理醫生，而不是對自己缺乏自信，舉止畏首畏尾的懦夫。不要管你之前的療法及療效，請你像一個成功的治療師那樣，平靜坦誠地對病人說：「我能將您治好。」

讓病人主動

一個治療師首先要擁有自己的獨到之處。其次要向病人說明，如果想要取得療效，就要每天回去後，用自己的方式，再對自己進行肯定暗示。在固定的時間裡，每半小時或一個小時做一次。如果他能堅持下去，那麼一兩天後還可以再向他提供其它方法。

我們一定要瞭解到，病人對這種方法的需要，就像大多數人對別人的幫助的需要一樣。他們經常對自己有這樣一種不良的自我暗示：那就是自己能力不足。如果他是一個獨立的、對自己負責的人，那這個病人就會感受到你對他的信任與理解，因為你就這樣放心地，將這一連數日的工作交給他，讓他自己完成。

給病人開處方時，最好採用自我暗示的形式。例如，建議病人，不僅僅要要有戰勝困難的決心，並把這好念頭刻在心中，還要在每天早晨和完善，用自己聽得見的聲音堅持對自己說：「我現在就能克服它。」如果在多次重複，或者這個願望是迫切需要實現的情況下，自我暗示會更加有效。

一定要牢記這條準則：在每次診療時，無論病人有多少病症，都要照顧到他所有的需要。

將病人看成健康的人

一位最成功的治療師曾這樣說過：「我從不把病人看成是患有某種疾病的人，而把他們看成是健康的人，這是我工作的一條準則。因為如果你要給病人確診，就要確定他得的是什麼病，哪個器官出了問題，但這很困難，相信只有不到一〇%的治療師才能做到這些。所以很多人都無法得到好的聲譽。」

治療師們經常採用的另一個辦法是，讓病人自己說出症狀與病根是什麼。之後讓病人選擇舒適的姿勢躺在自己身邊，閉上眼睛，全身放鬆，保持平靜，這樣就很容易進入被動接受狀態了。

對這個方法，不同的治療師有不同的用法，有的治療師要求病人心裡想著治療師，有的治療師希望病人放鬆下來什麼也不想，有的治療師則暗示病人不必對思維進行任何約束，完全不必考慮思維在做什麼了。

之後，幾分鐘內低聲重複三至五遍，針對自己病症的暗示或是說：「身體正在康復，康復，疾病的症狀會變得越來越不易察覺，它在離我而去，遠去，遠去……」

我認為，在病人離開治療師之前，要對他肯定的方法再進行一次暗示，讓他覺得他正在明顯地康復起來。有一個最好的暗示範例：「你的身體健康、完全，所有功能都穩定、協調、正常。」

進行這種療法時，要求要將有聲的暗示在半個小時內重複三到四遍，然後每一遍之後面都要進行一遍無聲的暗示。如果做不到，那至少也要在最後一遍之後進行一遍無聲的暗示。

這樣的暗示如果用肯定法加以輔助，那就可用於實現成功、富裕或任何你渴望實現的願望。

暗示結束後，你靜靜的坐在病人身邊，遠離喧囂，彼此傳遞著心靈的寧靜。有些治療師天生就具有這種特殊的才能，而在這種療法中，那些感情豐富的病人往往能獲益更多。

與病人共同成長

如果我們可以看到自己那被激發出來的潛在力量，那我們就會對這個現象深信不疑。但很不幸，這個世界上就是有這樣一群寄生蟲，但他們可能自己都沒有察覺到。不過如果我們無法能找到這一種永不枯竭的能量（這是個幾乎不可能實現的夢想），我們就沒有辦法阻止這些寄生蟲去攫取別人的能量。所以我們還是小心為上，多加提防，尤其是就在我即將獻出磁性般的治療方法之時。

湯姆森・簡曾經說過：「一些治療師有那種對病人的病痛感同身受的能力，他們能感受到病人描述那種可以將人吞噬掉的痛苦。這是因為，這些治療師都是全心投入於對病人的治療中，時時刻刻為病人著想，想像著病人的痛楚，彷彿是他們正在受苦一般。有科學研究表明，這種現象也是暗示的作用。一些治療師在對病人進行治療之後會感到體力不支，筋疲力盡，這就是因為這種暗示的作用。解決這種問題就可以更為強烈的自我暗示，這種方法在治療師身上效果非常明顯。這就是說，治療師無論對病人使用什麼療法，他在讓病人反覆練習自我暗示時，也會相應的讓自己信心倍增。病人被治癒的同時，治療師也會元氣大增。」

你的治療過程讓你充滿了成就感，你對結果非常滿意，然後急著告訴別人你的喜悅之情，並且向他們展示你所獲得的經驗。這本書中所講的每一種方法都是你可以使用的，或許你也正盤算著將其中的某個方法推薦給那些正身處苦海的人們吧。在治療別人的同時，你自己也會得到提升。由於與病人待在一起的時間越來越長，你可能會產生於病人相似的痛苦和焦慮的狀況，越是感情豐富、具有同情心的治療師這種情況就越嚴重，但請記住，能與病人共度難關並不是什麼不好的事情。

你似乎像磁鐵一般將病人身上的病痛吸收到你的身上，使你產生了相同的病痛。不過無需為這暫時的痛苦而擔憂。但是如果此時你十分恐懼、理智不受到你的控制，那你就可能患病。請允許我再次強調：一旦病人的症狀發生在你的身上，馬上進行肯定暗示，你就不會有事了。

敏感的治療師

越是感情豐富、十分敏感的治療師，就越容易與產生與患者同樣的症狀。他就像一塊天然磁鐵，將病人身上的病痛吸收到自己的身上。

其實治療師與病人的角色是互通的，治療師像磁鐵一般將病人身上的病痛吸走，而病人也同時在吸取著治療師帶給他的力量、能量、活力與智慧。

但是，這種「與病人角色互換」的狀況是可以避免的：一個立場堅定、樂觀向上的治療師；使用一個積極的肯定暗示；再配合一個積極的療法就足夠了。

所以，只要治療師對自己的治療方法、原則、思想和行為充滿信心，那可以使自己免於被病人傳染的困擾。

如果治療師受到了病人的傳染，與病人的感受一模一樣，也不必感到擔心，即使治療師任由潛意識吸收這來自病人的病痛，並將這病痛注入了自己的生命也沒關係，治療師可以立刻對自己說：「我的身心將會被沖刷一新，所有負面的思想都將離我而去。我非常肯定，這世上再沒有比我更完美的人了，我是獨一無二，無人可比的，這就是一筆財富。」這是一種積極的暗示，這樣從病人那裡帶來的消極念頭就會被排擠出他的意識了。

採用上面那個肯定暗示法時，應該做一些肢體上的暗示來進行輔助，比如先把右手放在左胸上，然後將右胳膊甩開，張開雙臂，就像是要趕走心裡的什麼東西似的。

在重複這個肯定法的時候，也要重複的進行這個動作至少兩至三次。這樣做過多次後，就不必再擔心患者那病痛會永遠停留在你身上了。

傑出的治療師們都可以成功的運用那翩然的風度、個人的親和力，或是旺盛的生命力，無論我們稱之為什麼，都被譽為「磁性治療法」。

一個想像力豐富的治療師應採用這樣的療法：用有聲或無聲的語言，描繪出一幅頭腦中湧現出來的畫面，讓這鳥語花香的畫面將病人包圍，並逐漸進入他的內心。這種療法可以增加治療師的信心與力量。

對病人使用精神療法時，要因病人們的接受能力而異。有的病人可以很容易的從你那裡接受你的暗示：從這一時刻起，他的病痛會消失。事實是他的病痛真的就開始消失了。而對另外那些病人就要採取另一種方法：要求病人選擇一種舒服的姿勢躺下，舒緩精神，放鬆身體與情緒，然後對他的心、肝、胃進行暗示，讓他慢慢進入被動接受狀態，他要，他更容易接受你的暗示。換句話說，你要他的暗示不是一次就可以見效的。

還有一個治療方法對治療師和病人都非常有益：治療師每晚臨睡前，都認真地回憶他的病人們，像播放電影一般，對他們個體或整體有個粗略的輪廓，然後向他們傳遞健康、舒適，並盡可能讓他們精力充沛。

許多治療師都有體會，如果他們在睡前回憶了每一個病人，那即使進入睡眠之後，他們也可以繼續給病人傳遞著資訊。這種習慣一旦形成，將會為資訊的發出者和接受者帶來神奇的功效。

堅持到底

首先請你一定要在自己的頭腦中堅定這個信念：熱情不減，沿著暗示與自我暗示的道路堅定不移地走下去。從同一起點出發的人們，有的成功、有的卻失敗了，這是因為那些成功的人們堅持下去，而安詳失敗的人們在中途放棄了。所以請你一定將自己正在進行的治療堅持下去！

其次，不同人們的反應快慢也是不同的，有的人潛意識的反應得快一些，而另外一些人反應得則很慢。對待那些反應較慢的人們請一定要有耐心，將堅定不移的精神發揮到極致。

第三，對那些比較敏感的人們，可能事先不需任何指導，就可以實現心靈的溝通與交流。還有那些很容易對別人的意思心領神會的人們，這些人都很容易達到幫助別人的最高境界，那就是「助人自助」。不過這也需要服從自然的法則，並永遠堅持下去。

第四，請一定不要忘記：如果你的治療方法沒有很快見效，千萬不要對自己喪失信心。如果你有堅定不移的信念與鍥而不捨的精神，堅持你的治療，就會發現，想要產生療效並非是不可能的事情，你所希望的結果最終還是會出現的。

一位偉大的哲學家說過：「上帝始終不向你施予恩惠，並不是因為他將你拋棄。而是因為他可以容納一切，也喜歡堅忍不拔的意志。」

記得那個女人嗎？她反覆訴說她的願望，最終她那堅持不懈的精神打動上帝，實現了她的願望。

這是那鍥而不捨的精神使她的夢想實現。無論你是一位治療師還是一位病人，都請你做到「堅持」。

舊病復發的對策

如果在恢復的過程中舊病復發了怎麼辦？千萬不要沮喪，卡爾格達大學的保斯教授在研究植物生長規律時發現：所有事物的發展都要遵循一定的規律，不可能事事順利的。保斯教授發明了一種可以觀察到肉眼無法察覺到的生長的儀器。他發現，植物的生長以二十秒為一個週期，前五秒在向上生長，再五秒在回縮（回縮的幅度小於生長的幅度），然後還有十秒鐘保持靜止不動的時間，再然後進入新一輪的生長週期。下滑或回縮的過程是不可能將植物的生長拖回到起點之後的，所以即使有後退的過程，植物本身也是真的增長了。那回縮與靜止不前的時間佔據了整個生長過程的四分之三。看起來，好像是往前走一步卻向後退三步，但實際上，這向前一步的長度要遠遠大於向後退的三步。這就像是我們的治療進度一般，看起來是，好轉、後退、停滯不前，然後重複這個過程，但實際上你是在夯實地基，所以請不要抱怨，你正在前進。

希望那些正在接受的人可以瞭解這一點，因為這很重要：事物的發展規律就是前進、後退、停滯不前這樣循環往復的，所謂「前途是光明的，道路是曲折的」就是這個道理。

在這不斷的循環「漲落」中，進步被一點點的積累起來。

那些不瞭解這種現象又粗心的人們是無法注意到這進步、退步和停滯不前的。因為他們只能察覺到顯著的進步和顯著的退步，那中間的積累過程是被他們忽視的。舊病復發似乎是退步的表現，但是實際上，病人是在一點點的前進的。

治療師一定要向病人認真的介紹這個理論，而病人也需要對這個理論毫不質疑。我認為如果這個理論被證偽，那麼所有的一切都是謬論。這就是萬物生長的法則，事物發展的規律：前進、後退、停滯；再前進、後退、停滯。

我們無法否認用語言傳遞思想這種方法的重要意義。只要聲帶微微震動，詞語適宜，那就會產生明顯的療效。

第十章：對病人的自我暗示進行指導

進行自我暗示的原則可以概括成下面幾句話：我們的頭腦不可能同時想著兩件事情，換句話說，即使我們的頭腦中擺放著兩種不同的思想，但是這兩種思想是不能同時存在於我們的意識之中的。

我們頭腦中全是什麼樣的念頭，這種念頭就會變得真實起來，最終可以成為現實。所以，如果你可以讓一個被疾病折磨的人相信她正在康復當中，那她就真的可以從疾病中好轉起來。如果你可以對一個盜竊成癮的人的潛意識，種下他將不再偷盜的思想，那他就會不再盜竊。這種事情經常發生。

你也許覺得這種訓練是不可能的事情，但其實它是世界上最簡單的事，人們可以透過一系列適當的、不同難度的實驗來進行練習。這些方法與我們平時自覺的思考相差無幾，就是最基本、最簡單的事情。在這些實驗中，透過那些文字的敘述，除了前面講的那兩類人之外都會相信結果可以很美好。

實驗一：實驗剛開始時，要讓受試者以一個僵硬的姿勢筆直的站著，雙腳緊緊的併在一起，就像一根鐵棒，但是他的腳踝卻要像一根柔軟靈活的鏈條，這樣他的全身就像是一塊被鏈條鎖著的木板，立在地面上，要讓受試者知道，無論誰輕輕的推動他這塊「木板」，他都會向這個人所推的方向倒下，沒有任何抵抗和阻礙。你告訴他，你將用雙臂來托住他，那他就可以筆直的倒入你的懷中，但是雙腳仍牢固的貼在地面上，所有的動作只是依賴於他的腳踝。如果這個實驗無法成功，那就不斷的重複，你總會成功的。

實驗二：首先，要清楚的告訴受試者，實驗開始後他需要馬上想：「我要倒下了，我要倒下了……」一定要讓他的腦海中只存在這一種念頭，而不能去思考或疑惑他是否會倒下，也不可以為了使實驗成功而故意地倒下。但是只要他真的感覺到有力量在驅使他倒下，那他就會毫不反抗地服從於這種力量。

然後讓受試者抬頭、閉眼，將你的左手放在他的前額，右手放在他的脖頸處，然後對他說：「現在想：我就要倒了，我就要倒了……」，然後再緩緩的說：「你正在倒下，你——正——在——倒——下——」，同時，將左手輕輕的移向左太陽穴，再移向耳朵上，然後緩慢的移動右手，千萬不要停頓。

這時你會感覺他立即有一點輕微的後移，此時你可以阻止他，也可以讓他完全倒下。如果你阻止他，告訴他他已經抵抗了，那他就不會覺得自己正在倒下，而是感覺如果他倒下就會受傷。這是真的，如果他不覺得自己倒下會受到傷害的話，那他一定會像一塊木板一樣倒下。然後再用命令的語氣重複這個實驗，直至這個實驗成功。實驗者應當站在受試者身後一點地方，但是左腿在他身體前，右腿在他身後，這樣當受試者倒下後，實驗者才不會被撞到。如果實驗者沒有選擇好站立的位置，而受試者的塊頭又很大時，那就可能導致實驗者和受試者兩個人一同倒下。

實驗三：讓身體僵直但腳踝放鬆的受試者面朝你，讓他的雙腳併攏，然後將你的雙手放在他的太陽穴上，不要用力，也不要對他擠眉弄眼，而是注視著他的鼻根，讓他想：「我正在倒下，我正在倒下……」然後重複這段話，並加重某些字眼：「你（重）——在——倒——下——，你（重）——在——倒——下——。」一定要注視著他。

實驗四：讓受試者用盡全身的力氣緊握雙手，直至雙手開始顫抖。然後實驗者用上一個實驗同樣的方法注視著他的鼻根，實驗者將雙手放在受試者的手上，好像要把受試者的雙手握得更緊。你要讓他想像他的雙手無法鬆開，實驗者數三個數字，告訴受試者當數到三時就要試著將手分開，但同時腦中還是要不斷的想著：「我無法將它們分開，我無法將它們分開……」這樣他就發現，他的雙手真的分不開了。然後慢慢地數：「一、二、三」，要儘量的把每個詞說清楚：「你——無法——分開——它們——，你無法——分開——它們——」，這時受試者不僅無法鬆開雙手，而且他也是努力的分開它們，雙手就會握得越緊。實際上，他做到的與他想要做的完全背道而馳。過上幾分鐘，讓他想：我能成功。這樣他的雙手就可以自動分開了。

你一定要始終注視他的鼻根，同時要確保他的眼神始終在你身上逗留。如果結果是他輕鬆的將雙手分開，你千萬不要自責，因為這是受試者的錯誤，他沒有誠心誠意地去想：「我不能。」所以在實驗前一定要對受試者解釋清楚，確保他可以認真的做實驗者告訴他的一切事情。

你應該使用哪種命令式的，可以令人信服的語氣。但這不代表你需要提高音量，如果你可以不帶任何感情色彩的使用祈使句來命令他，那正常的音量就足以令你成功。

如果你可以成功的完成以上這些實驗，那你就具備了對病人進行暗示的能力，如果你可以完全按照前面所給的那些指導去執行，那暗示的成功指日可待。

那些敏感的受試者經過事實就可以意識到：他們可以很容易的收縮手指和四肢。在兩三個成功的實驗之後，就不需要再教給他們怎樣想了，你只需要簡單地對他們說：「合上你的雙手，現在你無法分開它們了」、「閉上你的雙眼，現在你睜不開了」，一定要用祈使句，因為所有優秀的暗示者都證明了祈使句的好處。這時受試者就會發現，無論他怎樣努力，他都無法分開雙手或睜開眼睛。等再過幾分鐘對他說：「現在，你可以做到了。」瞬間，魔咒得到了解除，無論是雙手還是眼睛都如往常一樣了。

還有許多相似的例子，比如：暗示受試者他握在一起的手，實際上是被焊接起來了；或者暗示他放在桌子上的手，實際上是被黏在了桌子上；或者暗示受試者他被鎖在了凳子上，無法脫離；或者暗示受試者，他的雙腿無法邁開，根本走不了路，等等。

相似實驗和例子數不勝數，我實在無法一一列舉，但是一定要清楚，這種現象的產生並不是因為實驗者的暗示，而是因為受試者將暗示轉化成了自我暗示。

暗示治療方法的程序

如果受試者完成並理解了上面那些實驗，他就可以進行暗示治療了。受試者就如同一塊耕地一樣，在實驗前，他就像一塊貧瘠荒蕪的土地，再好的種子也無法在那裡發芽，而試驗後，這些人就像是已經被翻新鬆軟過的土地，種子可以很容易的在這裡生根發芽。

無論受試者所患的疾病是生理上還是心理上的，是嚴重還是輕微，都可以採用這樣的方法治癒，但重要的是選定一種治療方法，一種表達方式就不要隨意變更，只需根據情景的變化進行微調。

你可以對受試者說：請坐下，閉上雙眼，這是為了不讓別的東西干擾你的注意力，但是請千萬不要睡著。然後請你告訴自己，現在治療師所說的所有詞語都會在你的頭腦中生根發芽，再也揮之不去。這些話就要扎根於你的思想中，印刻在上面，這些話將不會屈從於你的理智和意志。實際上，對你來說你的全部器官都會絕對的服從，因為你是沒有意識的。首先，在一日三餐的時間你都會感到飢餓，然後你會說：「要是能吃點東西該多好」，這是種愉快的感覺。然後你就開始吃一頓每餐，你沒有吃的過多，而且消化的也非常順暢，你的消化系統將食物轉變成一種柔軟的糊狀物。在吞嚥的過程中，你不會有任何不適或不順暢，胃腸道也沒有感到疼痛。你吸收來食物的營養，然後利用它們來供給全身所需要的能量，力氣，營養由血液輸送讓你的生命永不停歇。

在你消化系統正常之後，排泄功能也會隨之正常起來，每天清晨你不需要服用任何藥物或使用什麼工具，就可以自然的產生排便的需要，相信這是你想要得到的結果。

還有你的睡眠狀況也會有很大的改善，每晚入睡到第二天醒來這段時間你都可以處在安靜、香甜的夢鄉中，絕對不會有噩夢干擾，在第二天清醒時，你會覺得得到了充分的休息，感覺心情舒暢，身體舒適，並且精神百倍。

但是如果你的情緒總是不好，常常感到憂鬱消沉，看事物也只能看到陰暗消極的一面，整日惴惴不安。那從現在開始，你就已經開始改變了，你覺得快樂而非壓抑，你看到事物好的那面而非消極的一面。你的轉變不需要任何理由，就像你過去總是沒有任何理由的消極厭世一樣。但是現在，在我跟你說完這段話之後，即使你有非常充分的理由可以憂鬱和消沉，你也不會再那樣做了。

你平時會煩躁、發脾氣的情況也會改善、最終消失的，而且還會走向原先情況的相反面，你變成一個極有耐心，而且可以控制自我的人。所有原先在你眼中的那些害怕、擔心、煩躁、麻煩的事情現在看來都是平和而簡單的。

過去你可能會受到那些不健康思想的困擾，你可能會擔心、害怕、敵對、迷茫，你可能會因為嫉妒別人而受到攻擊、愚弄和嘲笑，但是現在，這一切都將改變，只要你堅持想像那這些事情就都會在你的眼前消失，就像天空的雲朵，或者我們的夢境那樣，總會歸於消失和虛無。

請允許我做一點補充，你全身所有的器官都在安靜的工作著，心臟在節奏正常的跳動，血液也每時每刻的流經全身每一個地方，主導呼吸的肺部也沒有什麼麻煩，胃、腸、肝、膽、腎、膀胱也都一如既往。即使現在你身體的某一種器官突然病了，這種病也會一天天的減輕，直至完全康復，那這個器官也將恢復它正常的功能。其實，並沒有必要為了治病而單獨對某一個器官進行暗示，你只要對自己進行這樣的自我暗示：「每天，我的各個方面變得越來越好」，你的潛意識就會尋找到並作用於那個器官。

還要再補充很重要的一點，如果你一直是一個缺乏信心的人，那麼，請相信這個理論：我們每個人身上都潛在著巨大的力量。如果你相信這個理論，那麼自信一定會取代自卑。自信是每個人必備的，因為相信自己，所以人們就能完成所有的願望（要在可能的範圍之內），你即將滿懷自信的完成一切的合理願望，這個過程將很精彩，要記住你可以，並且你有義務去完成你的願望。

所以請你在不得不做一件事，或者你希望完成一件事情的時候，拋棄那些「很難、不可能、這超出我的能力」之類的語言吧，你要把它想像得很容易，你要對自己說：「這很容易，我能做得到」。記得我們之前的理論嗎，你想像這件事很容易，那它就很容易，即使周圍的人都認為這是不可能完成的任務。你可以果斷漂亮的完成這些事情，並且毫不費力，也不覺得疲倦。

這些暗示看起來很幼稚、很繁瑣也很冗長，但卻是十分有效，適用於各種情況的病人。

進行暗示時，都要以獨白的形式，以對方能聽得到的聲音說出來，並且要有明顯的抑揚頓挫。要讓受試者進入將睡未睡的狀態，因為這種被動接受狀態是最適合進行暗示治療的。

當所有的暗示都結束後，對受試者說：「我所有話的意思都可以總結如下：無論從那個方面來看，你的生理和心理都會享受到最健康的狀態，這將超越你過去所有的感覺。現在我將數三個數字，當數到「三」的時候，請你睜開眼睛，你會感覺到精神百倍、強壯有力、積極樂觀、精力充沛，你的情緒非常的快樂愉悅，每一方面都舒適，完全擺脫掉你剛來時那種消極的狀態。一——二——三——」，在數到「三」時，受試者往往會面帶微笑的睜開眼睛，臉上露出健康、滿意的神情。

很少有病人可以當場治癒。因為這需要一段時間，但是多數病人會發現自己的病痛和憂鬱被部分或完全地解除。

對於不同病情的受試者而言，要進行不同間隔頻率的暗示。要緩慢的提高間隔的時間，直至病人痊癒為止。

在病人離開你之前，你必須讓他清楚，他的疾病能夠治癒，完全依靠自己的力量，治療師只是一個教他如何使用這個工具的老師，是他自己運用自己的工具幫助了自己。所以請他在每天早晨起床和每天晚上入睡前，都閉上眼睛，在想像中來到你的面前，然後借助一根有二十個結的繩子，用自己能聽到的音量不斷重複暗示的內容：

「每天，我的各個方面變得越來越好。」必須強調這個詞：「各個方面。」因為這代表了你生理和心理的每一個需求。經過長期的實踐我們發現，這種模糊的暗示比具體的暗示更有效。

這樣大家可以理解治療師到底扮演的是什麼角色了，他只是一個朋友和嚮導，而不是發號施令的人，他引導著病人一步步走向健康。暗示都是從病人的角度出發，病人要將暗示轉化為自我暗示，然後為自己使用。當這一切順利完成之後，這些治療就會慢慢的產生結果。

暗示治療方法的好處

暗示方法的結果絕對有效，且原因也簡單。遵循自我忠告的人，是不可能失敗的。除非有前面所提到的那兩種人：頭腦不健全、不理解暗示的人，或者發自內心不願意理解暗示的人。不過幸運的是，這兩種人僅占全部人數的三%。如果你想讓你的病人快速入睡，卻沒有對這種暗示作出必要的解釋，也沒有進行初始實驗，那你就不可能成功，除非你的病人是那種極其罕見十分敏感的人。如果你不進行初始實驗，那你的暗示訓練就幾乎不會產生效果。

在過去，我認為只有在睡眠中才可以進行自我暗示，所以我會努力讓病人進入睡眠狀態，但後來我發現並不是這麼回事，因為每當我告訴病人要進入睡眠狀態時，他們幾乎總會經歷一種非常緊張甚至是抵制的狀態，我就放棄了這種方法。我發現如果我告訴他，並不需要睡著時，他就會對我產生信任感，並對我的說法言聽計從。所以常常會發生這種情況，他在你說話的過程中慢慢的平靜下來，然後不知不覺的進入沉睡的狀態，而當他突然驚醒時他就會發現，自己竟然睡著了。

我相信你們之中一定還有懷疑者，我只能對這些懷疑者說：「事實勝於雄辯，請來我的房間，看看我們的治療過程。」

但是，你不可以認為自我暗示只能透過我所傳授的方式進行，那些並不瞭解這方面理論，也沒有進行什麼準備的人也可以進行自我暗示。比如一個德高望重的醫生，單憑他的名字就對病人有足夠的影響力，如果他跟病人說這個病是沒有希望治癒的，那病人就會對自己進行消極的自我暗示，這足以給病人帶來災難。但是如果這個醫生告訴病人，病情雖然很嚴重，但是如果經過悉心的治療和精心的調養，那一定會取得令人意想不到的好結果。

另外還有一個例子，如果一個醫生在對病人檢查後看，僅僅為他開了一個藥方，沒有做任何解釋，那這次治療成功的可能性就不大，但如果他仔細的教給病人應該在什麼時間、什麼狀態服用什麼藥物，那這次就會很快的產生效果。

請這個大廳中的藥劑師或化學家們不要把我當做敵人。我希望我可以成為你們最好的朋友。在我看來，如果可以在給醫學院的學生們上課時增添暗示理論的內容，並給學生們實踐的機會，那對病人和未來的醫生們是大大有好處的；我還建議，醫生在給每一個病人診斷完畢之後，都要至少給他開一種藥，無論是否真的需要。其實每一個病人去看病時，都抱著很簡單的想法，那就是只要吃醫生開給我的藥，我就可以康復，他們就是想要藥物。最終他們康復了，他們也認為是藥物的效果，而不是因為他們調整了生活方式，懂得了養生的方法。

病人是不會滿足於醫生開給他的養生方法的，他們會覺得自己費了這麼多精力來求醫，卻沒有得到任何實際的東西，於是就去看另外的醫生。所以醫生真的應該給病人開具用藥處方，並認為這些藥的實際作用與藥物說明一致，病人們更相信這種醫生自己的處方，這比病人們自己從藥店裡買同樣的藥回來吃更有效果。

在瞭解了潛意識是我們一切功能的主要指揮者之後，我們就可以正確理解暗示和自我暗示的作用了。比如說，你一定要相信那個目前無法正常工作的器官不久就會好起來，這樣這個命令就會被傳遞到潛意識中，轉化成潛意識的命令，這樣器官就不得不順從這個命令，立刻或者逐漸恢復正常的工作。所以通過自我暗示的方法，人們可以解決任何身體疾病比如：緩解疼痛，改善便祕等等。

我們再舉另外一個牙疼的病例，那是我在位於特洛依一個名叫高斯的牙醫診所裡偶然碰到的。我曾經治癒了一個被哮喘折磨八年的年輕女士，她告訴我她想拔牙。這個女士是一個非常敏感的人，我說我會盡力讓她在無感覺的情況下接受手術，她非常相信我。到了與牙醫約定的那一天，我們一起來到診所，我注視著她說：「你沒有感覺，你沒有感覺……」在我進行暗示的過程中，我突然對牙醫做了一個手勢，牙齒立刻就被拔了下來。此時這位女士紋絲未動，可是不久她就感覺到了疼痛。我制止了那個牙醫使用止痛劑，也不讓這個女士事先知道將會發生什麼事，然後我開始對這位女士進行暗示，我讓這個女生雙眼盯著我，我對她說疼痛在兩分鐘內就會消失。然後我們就進入了等待，在她吐了一兩次血之後，她就感覺沒有那麼痛了，拔牙的位置的血液也凝結了。

下面我們用最簡單的方法解釋一下這個現象，在「疼痛就要消失」這句話的影響下，潛意識命令動脈，讓傷口處的血流量減少，血液就十分順從的減少了，這效果與注射了止痛劑如出一轍，注射腎上腺素這種止痛劑的效果就是令傷口處的血流量減少。

纖維狀腫塊的消失也可以用這種方法解釋。「它將離我而去」的思想植根於潛意識，然後潛意識就下達命令給大腦，要求它收縮給腫塊提供養分的動脈。最終腫塊由於無從得到營養的補給，而變小、死亡，最後被人體吸收，直至完全消失。

針對道德缺陷的暗示療法

在當今社會，精神官能症是非常普遍的精神疾病。但是如果堅持使用暗示進行治療，還是可以治癒的。我為那些被我治癒的精神官能症患者而感到高興，他們曾經都或多或少的接受過一些治療，但都以失敗告終。其中有一個人甚至在盧森堡這樣一個專門的治療中心中呆了一個月都沒有好轉。而在我向他演示了如何利用自覺的自我暗示後六個星期不到的時間裡，他就完全康復了。曾認為自己是最不幸的人的他，現在成為了世界上最快樂的人，他的病也再也沒有復發過。

暗示療法既然可以有效的治癒心理和生理上的疾病，那他就應該發揮為全社會服務的作用。我可以證明，我們完全可以把那些少年犯或者放縱自己與罪犯交往的孩子們轉變成為誠實守信的人。

為了讓大家可以更理解暗示在道德缺陷方面的治療作用，我將打個比喻：相信一個釘著鋼釘的木板，我們的大腦就是木板，而思想、習慣這些決定於我們行為的東西就是鋼釘，而病人本身存在的那些不良思想、不良習慣就是一些壞掉的鋼釘，暗示治療就如同敲打鋼釘的錘子。現在我們拿一個好的思想、習慣，把它放在壞的上面，用錘子輕敲一下，即進行一次暗示，這樣新的釘子可能被釘進幾分之一英尺，舊的釘子就會出來同樣的長度。每錘擊一下，新的釘子就釘得更深入一些，而舊的釘子也就會更出來一些，直到新的釘子完全取代了舊釘子的位置，那麼好的思想、習慣也就取代了不良的思想、習慣，開始影響你的生活。

我將引用兩個典型的病例繼續來向你闡明。首先是一個生長在特洛伊城附近的十一歲男孩，他一出生就患有疾病，使他日日夜夜都受到病痛的折磨，他經常偷別人的東西，而且謊話連篇。

他的母親希望我可以對他進行暗示治療。在我們見過一面之後，他的病就只在夜間發作了，而且發病的頻率也在漸漸降低。僅用了幾個月的時間，他就被完全治好了，幾乎同步的，他那多年養成的偷偷摸摸的惡習，也在六個月內完全停止了。

這個男孩還有一個十八歲的哥哥，這個哥哥十分憎恨他的另外一個兄弟，但這種憎恨只是他想像的。每當他喝醉後，他都會不自覺的想要拔出尖刀刺向他的兄弟。他很害怕總有一天，他會控制不了自己，但問題是，即使他真的刺傷或者刺死他的兄弟，他也不會覺得多麼好受。我也對他使用了暗示治療。然而僅僅進行一次治療之後，他就痊癒了，這樣的結果真是令所有人都驚訝。他不僅不再憎恨他的兄弟，還與他成了好朋友，和睦的生活在一起。我對這個病人進行了長時間的跟蹤，發現這是一次永久性的治療。

我們可以看到這種療法對道德缺陷的治療效果，那我們就應該將它引入少年觀護所，這是必須做到的。我相信如果我們可以堅持每天對那些行為不良的孩子們進行暗示，至少有一半的孩子可以重新做人。暗示療法能那些行為不端的人變得正直善良，不也是它對社會做出的一大貢獻嗎？

有人反對暗示治療用於少年觀護所，因為他們擔心如果暗示用於邪惡的目的，那將十分危險，我將來反駁這個觀點，首先，我們只會將進行暗示練習的工作，交給那些可信的人去做，比如少年觀護所裡的醫生；其次，我們不許可那些有邪惡目的的人對病人進行治療。

但即使我們承認暗示療法存在危險（實際上不是這樣的），我們也不可以因噎廢食。我想問一下反對的人們，現在那些極大促進了我們社會進步的東西，哪一樣是沒有危險的呢？蒸氣、火藥、鐵路、電、飛機這些不危險嗎？還有藥品，是藥三分毒，醫生、藥劑師甚至普通人，每天都會有人要使用藥品，如果我們粗心的用過了量，病人就很可能受到傷害。

警告病人

我已經為大家提出了一些忠告，我希望大家可以接受我的忠告，請聽我說：只要生命不息（是你的一生，而非一天或者一月或者一年），就請你在每天早晨起床之前和每天晚上睡覺之前，閉上雙眼，用自己聽得見的音量重複二十遍：「每天，在每個方面我將變得越來越好」（你可以利用一個打了二十個結的繩子幫你計數）。你不需要對某個特別的地方進行具體的暗示，因為「各個方面」就可以涵蓋所有的方面。請你一定要記住一個基本條件，在你重複這句話的時候，一定不要做任何意志的努力，我所能想到最好的例子就是要像在教堂中祈禱那樣，就這樣每天重複這種思想：「每天，在每個方面我將變得越來越好」，將這句話深深地印在腦海中。這樣，那些在可能範圍內的願望就都可以得到實現，就像所舉的那些治癒案例中的主人公那樣；請記住，你在頭腦中輸入健康，那你將得到健康，但是如果你在頭腦中輸入的是疾病，那你就必將會生病。

自我暗示是一把雙刃劍：不同的使用方法，會帶來不同的結果，現在你已經可以使用這把利劍了，如果你是用我教給你的方法，是可以避免危害發生的，可是如果你真的對你自己進行了不良的暗示，那你只能責怪自己，因為這都是你自己的錯。

不要以為身體健康就不需要進行自我暗示，我們都知道預防高於治療。想像一下，摔斷一條腿需要多久呢？你只要踩到路邊的一塊橘子皮就會被滑到，然後將腿摔斷，整個過程可能用不了一秒鐘的時。但是如果想要治好這條腿，即使用上暗示的方法進行輔助，也需要幾週的時間！如果你提前將橘子皮撿起來扔掉，你就不會因為它而滑到摔斷腿，也就不會有後來治療它的麻煩。這提前撿起橘子皮的工作，就是預防的工作啊。請你相信，如果你可以自覺地進行暗示，你就可以創造奇蹟。

第十一章：治癒後的鞏固措施

我們必須承認「世上的一切都由人的思想主宰」。如果可以給你的思想提供一個良好的狀態，它就可以良好地完成任務了，比如病人必須為意識提供健康的身體，意識才可以證實它的工作能力與魄力，但是如果你的身體不好，你的意識因為沒有好的工作環境，只會浪費大量的精力，那是件得不償失的事情。

思想指導一切

「控制一切」的思想已經附著於我們的身體中，合而為一。只不過那現實存在的肉身是有自身的局限性的，它可能會束縛甚至拖累思想，使思想背負上過重的負擔，從而使思想無法高效的運轉，無法挖掘自己的潛力，無法打開通往成功、富裕、歡樂、和睦與幸福的大門。

不要相信「精神食糧」那種荒謬的說法，我們的身體需要食物來補充能量。雖然「思想主導一切」，但思想是依附於肉體的，我們還是要靠飲食來保證能量的供給。我們的生命來之不易，必須要遵守自然法則來維繫。如果我們不懂得去遵守自然法則，得不到健康的身體，那我們的意識就無法被喚醒，無法長久的存在於我們的肉體之中。舉個例子，眾所周知，我們的生命需要靠呼吸維持。如果一個人掩住口鼻，還拚命「思考」：「我可以不需要呼吸而活下去。」那恐怕這個人就是一個精神病患者，或者是一個極其愚蠢的人。

所以我們必須嚴格遵守那些基本的自然法則。只有這樣，我們才能保證有健康的身體，才有可能取得成就，獲得幸福。就像你怎麼能期望一個長期失眠的人成為人人羨慕的壽星老人呢？對於還能活動的人們來說，定量的睡眠是必不可少的，這是維持正常的生理活動，保證意識清醒的根本。所以在治癒後一定要充分的休息，合理膳食，勞逸結合，積極鍛鍊並經常呼吸新鮮空氣。

身體可以進行自動化的調整

誰都不可以既不遵守自然規律，又可以神采奕奕、身體健康。已故的詹姆斯教授曾準確地說過：「人人都有一〇〇%的能力，可是大部分人只能利用其中的一〇%」。可能有些人睡眠時間過長，但是這無需擔心，因為只要這個人過著規律的生活，那他的身體會自動的調整好睡眠時間。如果你覺得自己的睡眠時間略短，但你確實飲食合理，思想積極，積極鍛鍊，時刻能呼吸到充足的新鮮空氣，那你就無需擔心，因為你的身體已經幫你調整了最適合的休息時間，即使它不如別人的時間長，但也足夠保證你順利的進行各種日常活動。

所以請你一定要與自己的身體相處融洽，堅持健康的生活方式：均衡膳食、思想樂觀、積極鍛鍊、多多呼吸新鮮的空氣。

嚴格遵守健康法則

如果你可以遵守那些可以維持健康的法則，那你的意識就可以幫助你、幫助你的身體一起來保持健康。不要以為思想主宰一切，你就可以為所欲為，大吃特吃。我曾遇到過一位治療師，他刻板的認定那條死理：「人的思想主宰一切，只要想像，就可以達成願望」，但事實卻是他因為腿部行動不便、消化不良、生活不規律和內分泌失調等種種疾病而無法工作，幾週後就發展到不能進行任何社會實踐活動的地步。這位堅持教條主義的精神治療時，根本沒有領會暗示法則的真諦，不然他不會說：「你想怎麼吃就怎麼吃，完全不用擔心」這種荒謬至極的話。在美國，很多人生病都是因為恐懼、自私、焦慮以及暴飲暴食。只要他們可以注意均衡膳食、攝取足夠的水分、積極鍛鍊、經常擁抱溫暖的陽光和新鮮的空氣，那疾病就可以治癒。

所以第一步，就是要建立科學的精神狀態，要做到這一點就要首先擺脫那些片面的思想觀念，比如：一切都是由思想主導的，那我們就可以為所欲為，無視自反法則。因為雖說思想是一切的主宰，但是思想還是要受到肉體的局限，所以物質要與精神相統一，這樣，意識才能充分發揮它的特長，順利完成任務。這就要求我們必須把著眼點重新落實在人最基本的物質需求上。

如果有一塊玻璃碎片刺入你的肉中，你不是自己動手將那個碎片擠出來，而是等待自然本能發揮它的作用，那就要經過漫長的過程：被碎片刺破的那部分傷口開始潰爛化膿，然後膿腫漲大，直至肉皮被撐破，然後膿包裡面的液體流出來同時也將玻璃碎片帶走了。是的，人體自身絕對有能力將那塊碎玻璃排出體外，但是如果你自行動手那豈不是又節省時間，又減少感染的風險嗎？

人體在以你意想不到的方式工作著。如果有一根針折斷在你的手掌中，一段時間之後，它就會在你的肉體內「闖出一條路」，上移幾英寸，到達皮膚表層。可是如果你可以輕輕的一挑，就把針挑出來，那你還會等你的身體將那根針送出來嗎？

所以我相信所有的治療師，無論是哪個流派都會完完全全、一絲不苟地去遵循自然法則。

我希望每一個治療師都學會完整的使用這套治療方案。這套方案既包含著怎樣使用精神療法也包含了怎樣遵守自然法則。

如果病人對自己都不抱有康復的希望，那就算是上帝也無法讓心理療法在他的身上發揮作用。而實際上無論是上帝還是治療師所作的事情，只不過是在教會病人，怎樣幫助自己，怎樣利用自然法則實現身體的康復。治療師要提前告訴病人該怎樣遵循自然法則，那剩下的事情就要靠病人自己嚴格遵守法則，悉心照顧自己了。如果在暗示治療中你輕視生命的法則，那潛意識就無法對你的治療發揮任何作用。有個寓言中提到過一個癲癇病患者，他就是不懂得去遵守自然的法則，不懂得怎樣去保持健康，不懂得怎樣去做那些對自己有益的事情，所以導致了他的病始終無法根治，暫時治好後也會再復發，家庭條件也越來越差，這個病例就是還需要進行深入的治療，一定要告訴他遵守自然的法則。

大腦長期處於非正常的工作條件下，有可能導致精神狀態下降。大腦在神經傳遞時可能受到生理因素的影響或阻礙。首先，大腦作為一種器官，不可避免地具有物質器官的局限性，大腦需要健康良好的工作環境，需要周圍神經系統敏銳快捷的配合才可以運轉正常。我們要清楚，神經系統是在神經中樞的指揮下才能得以正常運作。因此，我們要對神經中樞進行必要的訓練之後，才能讓它進行工作，訓練中要包括讓它學會辨別各種疾病的跡象。這樣它就可以及時發現精神病症的出現，防止它在以後轉變心理障礙等惡性心理疾病。

只要你的精神是樂觀、積極、健康的，那麼合理運用水、食物、運動和空氣，就可以使得你的生理機能趨於完善。

無論治療師們使用怎樣系統、神奇的治療方法，如果他們無法取得病人的合作，那任何方法都無濟於事。

相信自己

這一點必須銘記於心：要對大腦進行暗示，讓它擺脫以前那些糾結的思想，這樣健康的思想、充沛的血液才能給大腦供給足夠的能量，才能使大腦恢復健康。精神疾病產生於思想，要治療這些疾病，首先就要使用那些理性的療法給創造一個健康的環境，再著手展開治療。精神上的疾病，使用精神療法就可以治癒。希望大家可以早日認識到這一點，在治療心理疾病時，停止濫用那些副作用極大的藥物。

羅塞爾・萊諾爾德斯醫生曾對那些常用的處方類藥物做過如下評價：「那些抗歇斯底里類的處方藥物或同類藥物，所含的成分——麝香、海狸香、纈草，都具有一個共同的作用就是耽誤最佳治療時間。這些精神疾病不是靠那些『膠囊』，就可以治好的，只有從引發他們疾病的精神、道德或者人際關係方面著手才能取得好的效果。」

我很推崇德萊塞爾說的這段話：

在漫長的人生旅途中，必須要有健康的生活方式，遠離疾病。那些生活方式與自然法則不相適應的人們，都應該學習這門健康的學問。如果僅僅採用符合自然規律的生活方式，就可以牢牢的把握住健康，那豈不是比長期處於焦慮、緊張的狀態好多了，處於亞健康的人們還要經常因為小病小災去看醫生。

各位相信精神療法能產生巨大療效的讀者們，可以很容易的理解這句話：行動遠勝於語言的力量。精神的力量可以讓消極的人振作起來，讓怯懦的人勇敢起來。如果你把努力用錯了地方，那就不要管什麼肯定法，而是要首先找到正確的方向然後繼續努力。

其實肯定法也蘊藏了很多不合理現象。肯定法也可以給那些生活不規律的人們提供藉口。

使用肯定法給出暗示，是無法收穫玉米、小麥也無法獲得麵包的。使用肯定法是需要足夠的睿智和決斷力的。如果沒有吃飯和睡覺這兩道程序，而僅僅憑藉肯定法，那我們可以生活下去嗎？無論什麼樣的肯定暗示，都無法向你的身體供養，這只能依靠你利用自己的身體機能去「呼吸」。

但是依然不能對肯定法的作用產生懷疑，沒有任何處方能像肯定法那樣效果顯著，它甚至可以改變你人生的軌跡。每個人都要相信自己，相信只要努力就可以獲得成功，同時要為這個信念付出辛勞和汗水。

從來沒有過什麼「財富速成法」可以讓一個人從赤貧變成百萬富翁。我們只能在美好願望的推動下，努力工作，四處奔波，付出時間與勞動，這樣才能變得富有。

如果治療師能夠取得病人的信任與合作，教育和開導病人形成規律的生活習慣，建立正確的思維方式。那就一定可以實現最佳的治療效果。

生理對心理的巨大影響

你要相信你的思想足以完成你的任何願望。但如果你的思想要不停的處理暴飲暴食、空間狹小、缺氧這些情況帶來的問題時，它又怎麼能有精力為你帶來健康、成功和快樂呢？

所以不僅你的思想要保持積極樂觀，而且也不可以忽視你生理方面的需求，比如要合理你的飲食，加強鍛鍊，多多呼吸新鮮的空氣。

一個在健康的身體中自由發展的思想，和一個束縛於病態身體中的思想相比，定然是前者更可以為你自身服務。所以身體的健康，是思想健康的前提保證，兩者都健康你就可以輕鬆的得到健康、成功和快樂。

可是有些病人治癒後，不僅不再維持那良好的生活習慣，而且還對他人的病痛表現得冷漠淡然。這種現象真的很令人失望，這是人性的悲哀。暗示療法給他們帶來了放鬆、安慰，卻也使他們變得不關心自己和他人的健康了。

如果你被暗示療法治癒，請你千萬不要變得冷漠，你一定要比任何人都更尊重自然規律，你也一定要比任何時候都更加真誠地、全心全意地貫徹能使心理和生理都保持健康的法則。

剛剛我們一直將精力集中於心理對生理的作用。現在，請各位將注意力轉移到另一方面，我們要討論一下生理對心理的巨大影響。在精神學領域，有一條人們公認的事實：身體的疾病必然會影響人們的情緒和精神狀況。

那些嚴謹的讀者可能會問：「為什麼我堅持使用暗示療法，但是憂鬱的情緒始終不見好轉？」這就是能從你們的生理上找原因了。病態的心理與病態的生理相互作用，相互影響就會出現惡性循環。這時你一定要讓身體健康起來，提升人體的免疫能力，或者喚醒你的意識，讓它力挽狂瀾，以恢復它們那對心理狀況的控制權。

維姆・塞德勒醫生曾說過，大腦是所有思想的集散地，可以用各種形式表達出來，其實這些思想正是生理感覺的表達，生理器官受到感覺刺激，將信號傳遞給到神經系統內，最終到達大腦。

那些患有疑病症的病人（懷疑自己患病的人），多數在患病初期都有消化系統或循環系統的問題。所以其實這個人確實是生理和心理都出現了問題，只是他心理的問題表現得更明顯一些。疑病症患者如果可以保持樂觀的情緒就很有可能快速康復。治癒疑病症的關鍵是信念，疑病症患者完全是因為大腦的思維模式紊亂才會得病。因為實際上並沒有嚴重的病痛折磨著他，所有的一切都起源於他的幻想。

長時期飽受病痛的折磨，一定會對心理產生不良的影響。無論病痛的起因是什麼，只要它存在，輕則會使思維活動和精神狀態受到困擾，重則會使它們完全摧毀坍塌。

健康是自然賦予我們的禮物

健康是人的本性，我們只要順應規律，通過合理的飲食、呼吸、運動、睡眠等方法和對疾病的一定預防，就可以使我們遠離疾病。人類發展至今非但沒有滅亡反而越來越壯大是因為健康有著比疾病強得多的感染力，感染著我們每個人，使我們更健康。

大自然是我們的母親，想要保持健康，我們就要遵循母親提出的要求。如果我們不能按照要求去做，那麼我們就只能接受母親的懲罰。導致神經錯亂和許多人體紊亂的主要原因是因為我們沒有達到要求，我們工作過度了。這是因果關係，我們又怎麼可能在破壞著人體正常規律的同時，要求人體能夠繼續維持我們自身的健康呢？

其實一直苦惱著你的並不是繁重的任務，而是你那一刻不停思索著任務艱鉅性的思想，這遠超於任務本身而對你造成大得多的壓力。但當你滿懷信心認為自己可以時，那麼毫無疑問，你就能比現在做得更多更好。因此，面對這個問題根本不需要抉擇，輕鬆愉快地開始完成任務，記住面對任務你不去駕馭它就一定會被它駕馭！

但是工作是有限度的，記著我們母親提出的要求，在任何情況下都要遵循一定的原則。還記得已經逝去的詹姆斯教授嗎？從他身上我們應該明白一個道理：我們完全可以勝任我們的工作，而我們真實能力所能完成的任務比我們實際在完成的多得多，除此之外，我們還有經歷去做更多的工作。但是，即便如此，我們需要看到人類是有極限的。認清你的極限你才能更好的生活。

病情康復後我們一定要順應生命的健康法則。

精神治療學中，那些對治療者有所保守的治療師是不可能有成就的，治療師在幫助別人的過程中在教會病人如何自助的過程中，往往能得到最有效，最令人滿意的方法，並從中分析出偉大的原理。

一個精神疾病患者的治療過程是漫長的，現在被確認為治癒的病人還應該繼續相應的治療。然不是像之前的治療過程，但他應需經常參加醫生講座與課程，且應與他精神狀況相似的人們交流，而最重要的就是他仍需堅持對自己運用治療方法，不管那是什麼療法，不要在意那是否還有作用，也不能按照自己的喜惡，每天運用這些療法，一兩次，並堅持三個月以上。

再就是需要配合上自我暗示，一定要在潛意識中保持「這些療法對自己有著顯著療效」的想法，並在每天睡著前和早晨醒來時反覆加深潛意識中的這種思想。要把它形成一種習慣，一種本能的需要，就像你需要接受陽光照射一樣，就像你需要空氣呼吸一樣，就像你需要為別人服務也需要別人為你服務一樣，要把它當作生命中的一部分。

保持生活節奏規律

健康的生活，最簡單有效的做法就是：遵循大自然的規律與秩序，無論是精神上的，道德上的，還是物質上的。其實精神上的，道德上的和物質上的自我是相輔相成，不可分割的。只有三者為了共同的利益相互團結在一起，你才能好好地發揮自己的能力，如果他們都那麼自私自利，那麼必將把你弄得支離破碎，沒有一個自我能強大起來。

換個說法，只有我們處理好了我們的意識與裝載我們靈魂的肉體之間關係，我們才有可能最大程度地發揮我們的潛力。所以說，我才如此強調治癒後我們仍要堅持治療和嚴格遵循大自然的規律，為了最大功效地發揮我們的精神和機能。

在此之前，我們對各種疾病進行了深入而細緻的研究，所得出的普遍規律很簡單，就是：致病原因是人們對大自然規律的違背。當一個人在精神上和物質上都順應了大自然規律，那麼他將會一直健康。因此，你應該明白遵循大自然規律的重要性。我們的明智之舉就是無論做任何事情都應該保持與大自然的友好，都要遵循健康規律和行為法則。

健康其實很簡單，它是一個人應該處於的正常狀態，而疾病是一個人不應當處於的非正常狀態，我們的社會高度發達，然而這種高文明程度常常迫使我們捲入一個或多個不正常的生活狀態下。我們的飲食不正常、睡眠不正常、呼吸不正常、運動不正常，甚至偽裝也不正常。我們不去做那些原本該我們去做的事，而去做那些不屬於我們範疇或者本不應該去做的事情，自然地，健康與我們漸行漸遠。當然，說準確一點，我們還並沒有完全失去健康。

思想與人體息息相關

「一個人想要瞭解生命就必須知道精神與肉體的辯證統一關係。」

安得爾・敦德在他的觀點中加入了一些權威性論證，使其主題更具說服力：恰恰是因為人們的無知自大，使他們自以為清楚了人體和思想的關係，將一些現象解釋為意識決定的。而另一種是人體決定的，簡直就是自欺欺人。

但事實上，兩者是相互作用不可分離的。有的時候，人體占主導地位，有的時候，卻是思想占主導地位，有時兩者相互矛盾，一方更有影響力，而有時兩者卻又是相互合作。湯瑪斯・派克・鮑德說：「如果你的精神不振，那麼憂鬱的情緒會導致便祕，而相似的是，由於人體原因而引起的便祕也會引起精神上的憂鬱和緊張。事實上，這種惡性循環現象往往存在於絕大部分神經失調病症中。」

我們傳統的精神治療學犯了一個致命的錯誤，因為它們只專注於自己的專業，眼光只片面地停留在精神層面，提出的治療方案僅是關於治癒精神的，卻忽視了生命的真理，我們是精神與人體的有機結合。無論你構建起來的精神框架多麼偉大，又或者你掌握了多少精神方面的真理，當你脫離人類本身的特性，就難以發揮其價值。只有建立在客觀論據和自然規律基礎上的健康理論才更有價值。從人類實際出發，才是我們需要的。

硬是有一群人堅持著治療學中的這樣理論：沒有必要擁有任何人類身體的臨床經驗，關於生理學的一切都是在向實利主義妥協。在他們眼中，一切養生方法都是毫無價值的，人類沒有必要去鍛鍊身體、合理飲食、正當呼吸等。他們從肯定法的思想出發，得出了「精神治療法可以代替一切物理療法」的結論，他們可以趾高氣昂地對著世人宣稱他們已經發掘出來了長生不老的妙方。

可是我們處於一個高度文明的時代，世人不再會愚昧地去接受那些背離人們本性的東西，我想讓那些人們知道，在世人們明智而嚴格地審查之下，他們那所謂揭示「真理」的暗示是站不住腳的。我們需要建立自己的信念，但那不應該是那些教義與信條。我們要建立起一套擁有教育意義的健康哲學，來經受世人的審查，不管他們屬於哪種文明，持有哪種信仰。

人可以比作樹木

一棵大樹跟一個人是相似的，要保證充足的水，新鮮的空氣和富饒的土壤，就能讓它生機勃勃。相反的是，若它失去了這些，它就會葉焦根枯。大樹透過自己的樹液來運輸養分，在向最高處的樹葉傳送養料時，需要克服重力。由於這種自然之力的作用，當大樹缺少營養時，總是枝頭先枯萎。

人類也是一樣，人們運送各種養分的血液也同樣受到這種力量的影響，當我們循環系統缺乏營養時，我們總是頭部最先察覺，它強烈地感覺到供血不足。於是，各種問題接踵而至，失眠、緊張、鬱悶、頭疼、焦躁不安、記憶力衰退、無法集中注意力；並且人體也不似從前反應迅速了，各個器官不再正常運行，效率也差強人意。消化系統也不聽使喚，有可能胃弱或是便祕，有或是一同發生，又或是一個接著一個發生。

隨著這些情況的發生，整個循環系統都會失常，營養的供應出現問題，「頭部症狀」越來越頻繁。肌肉組織也不再聽從大腦指揮，開始了自然反應，大腦神經中樞控制著各種各樣的神經叢，它所提供的能力卻不再用於正常工作，而是進行這些自然反應。由於血液所提供的營養不再充足，導致肌肉組織變得越來越虛弱，病人明顯感覺到自己越來越容易疲憊。排泄系統也雪上加霜，不再及時排泄廢物，致使廢物積存在循環系統中，從而導致了新的疾病——風濕、偏頭痛，膽汁質分泌失調，感官器官也不再敏銳，視覺、聽覺、嗅覺、食欲也都隨著我們生命中的活力慢慢枯竭而衰退，喉黏膜和鼻黏膜的循環也變得緩慢起來，容易引發鼻黏膜炎等疾病。與這些所不同的是，觸覺變得異常的敏銳了，這也可以解釋為什麼人們會在此時變得特別敏感了。

遵守自然法則

我們清楚的看到，因為血液不能正常供應就會引起人體全身部位都不再正常工作。當頭部供血無法達到正常水準時，大腦就會出現供血不足的表現，而且循環系統也會減弱工作。在焦躁不安、筋疲力盡時，就會引起頭部血液供應量減少，所以伴隨著不良心態的往往是記憶力衰退和注意力不能集中。於此同時，邏輯推斷力也不斷減退，使頭腦更加驚疑難定了。恐懼和各種各樣的幻覺會在這時產生，你所接受的外界事物將會被誤解和扭曲。隨著恐懼的擴大，精神焦慮症時常出現。你的大腦難以自制，它缺少力量，但意識卻不分晝夜的一直處於活躍狀態。腦的營養減少，也對腦中樞的活動有了很大的遏制，消化功能明顯衰減，而依靠其提供能量的身體也每況愈下。

在某些情況下，動物顯得要比人更加明智，因為牠們遵循著自然法則。在面對人體物質需求時，動物做的更好，牠們不會像人一樣破壞消化系統的規律。牠們吃東西時，延續著大自然最初賦予牠們的方法，採用大自然希望的方式，是那種可以完完全消耗掉食物的方式。而人類運用所謂的聰明才智改變了方式，使我們不得不接受相應的報復與去受那些相應疾病的煎熬。

在鮑肯斯，米勒醫生的研究和調查表明，在那裡生活的人們，有許多活到了一百一十歲到一百二十歲，並且依舊年輕，看上去才七、八十的樣子。他們親近自然，每天呼吸著新鮮空氣，吃著乳酪、水果，喝著優酪乳，沐浴著陽光。

除了人類本身，所有我們已經研究過的動物，牠們的壽命都在牠們成熟期的八倍以上。如果我們遵循自然法則，按照人類成熟期為二十一歲計算，我們的壽命至少應為一百六十八歲。但人類憑藉著大自然賦予的那點小聰明，發明了各種各樣的烹飪方法，並對此樂此不疲，使得我們改變了飲食方法，於是離自然越來越遠，壽命只是我們應該付出的一個代價。

你不僅僅是吃得不合理。看看吧，我們住的地方——套房、公寓，其實只是狹小的隔離空間，我們工作的地方——辦公室，是為了我們遮風避雨還是阻礙了我們親近自然？我們身上穿的那粗糙而笨重的衣服，就是它們影響了我們身體自由呼吸，遮擋了陽光，阻礙了大自然對我們的一切恩惠，再看得遠點，我們所謂的文明無不使我們與大自然漸行漸遠。現代的文明、現代的科技、現代的生活節奏，它們錯綜複雜地交織在一起，在這種環境影響下，人們的腦海中慢慢地只會充滿了恐懼，憎恨與嫉妒等不良情緒。這些惡化的情緒也能將怒氣、恐懼、猜疑、憎惡、嫉妒、仇恨帶入你的身體，這些想法足以致使人體正常功能紊亂，阻塞毒化各個系統，癱瘓吸收功能，引起慢性疾病。就這樣慢慢地，人類那自然的生活方式發生了天翻地覆的變化，變成與自然法則相對立的生活，必然引起人類的精力衰竭。

人類發展進步，所創造出來解決常見問題的方法，和運用理性思維提高生活品質的能力，不應該與自然規律產生矛盾。我們應當運用我們的優勢更好的學習這些規律，遵循並利用這些規律辦事。

自從我們出生我們就處於健康狀態，這是我們的正常狀態。我們本應很自然的保持健康這種常態。人們其實根本不清楚健康規律，在他們違法了各種各樣自然法則的同時，各種各樣的疾病也在人們身體中埋下了種子。

在《生命手記》中，泰瑞·沃爾特說：

我們認為思想與人體會產生相互作用，它們中任何一個不能離開對方而單獨存在。想一下走路這個簡單的動作，我們在用頭還是腳？實際上，脫離任何一者我們也無法完成行走，我們把思想比作遙控，它指引著我們前進，但如果遙控失靈了，我們怎能找到正確的前進方向？但是思想是需要大腦正常工作的，如果我們的身體不去提供充足的血液，我們大腦所創造出的思維的活性與品質必然變差。所以說，我們要先保證最基本：保持體內，體外衛生的乾淨，合理的飲食，肺的正常運行，合理系統的運動；也就是說，我們要合理運用好四大生理要素：空氣、水、食物和運動。只有這樣，我們才能變得健康並保持健康。

首要問題是健康

在我們的生命中，新陳代謝所需要的一切能量都來源於自然。保持健康是健康肢體的第一要求。從事醫學行業二十五年的林德森醫生說：「靈魂對有想法的頭腦情有獨鍾，只有會養生的人的肢體才是其最好的載體。」他的這種想法與有建設性的暗示療法可謂是相得益彰。因此，人類永恆的追求就是保持健全正常。只要接受恰當的護理，運用科學的健康療法，注意合理飲食結構，並沒有人為因素來阻礙康復計畫，那麼即使是一個重病患者依然可以痊癒。研究表明，九〇%至九五%的中度精神病患者，經過上述方法的治療都已經康復了，並且需要鄭重聲明的是：「他們是在非藥物條件下康復的。」

約翰在他的第三封信中充分顯示了他的睿智：「布蘭澤明，我想你可以變得更加完美，我希望你可以擁有強大的體魄和健康的身體。」只有你順應自然法則，你才能擁有強大的體魄和健康的身體。

就像維萊特・懷特說的那樣：

一位特別恬靜的女士，她的腳拇趾腫了，她把這件事告訴給了一位狂熱追隨著療養學的朋友，我想任何一位有常識的朋友都會說：可能是因為你穿的鞋子大小不合適。可是她的這個朋友把原因歸咎於：這位女士在心裡嫉恨著某人！這是多麼荒謬，但這件事也告訴我們，除了心理因素外，當然還有許多其他的病因。

西爾斯曾犀利的說道：

許多人都懷疑思考可以令人恢復健康，他們自以為會思考。可是他們對健康有多大程度的瞭解，對思考有多少瞭解，對思考與健康又有多少瞭解呢？他們也許每天重複許多遍這種觀點：「我希望健康，我希望我能好起來。」他們自以為站在正確的角度看待這個問題，每天花大把的時間去數落因為這些疾病而對他們生活帶來的不便，當有聽眾時，他們願意花更多的時間來訴說這些疾病對他們的影響。難道他們就是如此思考以求健康嗎？他們在意識上都不能保持健康又怎能獲得健康？這就是他們意識中的病根——缺乏健康感。當我們持續生活在這樣一種病態思想中，是不可能痊癒的。相同的道理是，當我們身體健康時，必須保持我們思想上的健康和諧，才能保證不會生病。

我們應該明白，我們致病的根源在於我們思想上的漏洞，對於一個擁有「健康意識」的人，健康是一件再正常不過的事，並不需要刻意追求。這些人不會去想像自己生病，也從來不害怕疾病，令人們驚奇的是，疾病從來不會招惹他們。只有遇到憤怒、嫉妒、偏執、擔心、焦慮、怨恨、恐懼等情況時，才會使他們內心產生波瀾，也只有這時才會使人體患上一些疾病。能讓這些人患病的原因可能就是這個了。

神經系統的力量

生命中的成長與發展幾乎沒有一帆風順的，它總是螺旋上升和曲折前進的，神經系統也有類似的規律：在經歷一番起起伏伏之後，最終找到平衡點。在尋求康復的道路上，面對這一點，我們不應該喪失信心，反而我們更要好好的利用這些規律，幫助自己康復的更好。在這條道路上我們可能遇到這種情況：開始的時候，恢復得很快，然後就慢了下來。我想我可以引用霍夫曼的理論來解釋：「神經系統對待任何反應提供的能量都是有限的，當持續刺激時，反應會隨著供應能量的減弱而失去活力。」這就說明了這一點，最開始，神經系統對該反應提供充足能量而反應迅速，之後進程變慢了是由於後續能量的不足。

如果這樣我們為什麼還要持續的對意識進行刺激？因為刺激不完全是上述那樣的，持續的刺激會在神經系統中開發出新的反射通路，並獲得更多的能量。

我們堅持不懈地向大腦傳達的命令，這不是我們軟弱無力的表現，而是命令，以求克服我們身上的某種惰性——在神經系統發生反應的過程中。我們耗盡了一些調理素，我們迫切的需要它們得到補充來繼續我們的反應。因此我們要強硬地告訴我們大腦我們對這些東西的需求。

因此，幾乎所有的精神醫生都承認並強調人類本身需求的重要性，就像我們去讀書，去學習，去命令潛意識去尋求健康、穩定、力量，平穩一樣重要。我們應該意識到它的強大，把它運用到保持我們健康中去。

要治療就要找到病根，我曾在其他地方談論過，去尋找不同病人意識的構架是治療環節最困難的一步。只有在明確精神框架的前提下，我們才有可能找到那錯誤思想的根源，從而治癒病人。

永遠不要小看人類的惰性，通常情況下，當治療產生一定效果時，人們就覺得一切都好了。沒有必要再跟自己過不去了。他感覺不再需要為自己、家人和造物主背負太多責任了，他又開始了以前的生活習慣，腦海中過去的錯誤思想又死灰復燃。

按照我們的說法，引發疾病的原因是錯誤的思維方式和遠離自然的生活方式，那麼，在我們康復後，如果不去注意，必然會重蹈覆轍，我們就鮮有處於健康的時候了。我們生病之後往往期望著新生活，可是當我們治癒之後，當新生活真正來臨之時，你為何依舊像過去一樣，開始了不當的生活習慣，延續了錯誤的思維方式，所謂新生活的新到底新在哪裡？面對過去我們應該痛定思痛，洗心革面，毫不動搖地嚴格遵守正確的生活方式和思維方式，開始真正嚴格意義上的新生。

我行我素可能比其它任何事情都會給我們帶來毛病。重聽，大家都聽說過，雖然不是所有的重聽都由我行我素所導致，但是多數患者患病的主要原因還是它。如果一個人透過努力將重聽治好了，但是他又恢復到以前那種我行我素的生活中去，那他必然會舊病復發。

在我的職業生涯裡，曾治癒一位遭受重聽折磨二十二年的女士。她的重聽成為她事業上最大的障礙。事實上，在來我這之前，她已經在治療重聽上花費了數萬美元，治癒後，我明確的告訴她，想要保持聽力就要改變我行我素的作風和原有的生活方式。

在飽受折磨和昂貴的教訓面前，她決定聽從我的告誡，她花了大把的時間去研讀我的教義，她勤奮努力學習實用心理學，直到把手指磨出繭子，把書本用爛。但是回報也是豐厚的，她成功治癒並再未復發。另一個重要方面就是，這個治療過程中她沒有再花一分錢！

事實就擺在眼前，這位患有重聽二十二年的女士，花費數萬美元仍沒有治好的頑疾，只因為她聽從了我的忠告，摒棄所有我行我素的念頭，如今她痊癒了！

人們總是舊病復發，總是跌倒在一個地方。難道不是自己的責任？

從今天起，從我們療程結束開始，引起我們足夠的重視。要健康就必須改變我們原有的思維方式和生活方式。

想要維持健康的狀態嗎

想要康復並不是說只要醫生努力就可以了，如果你們關注我的著作，講座或者課程中那麼就會發現，我總是強調，在尋求康復的道路上，病人要去配合醫生，要在這條道路上發揮自己的作用。你若真的想維持健康的狀態，就要聽我的話。首先要讓潛意識回答你的問題，你到底是要康復還是要惡化。如果你選擇健康，那就請你相信你的潛意識，它會帶給你健康並能維持這健康。現在你的疾病康復了，病痛再也不會折磨你，生活與以前大不相同了。現在開始，與自己合作吧！看清自己神經的工作量，認清自己的精神狀況。

想維持健康的狀態，最重要的是依靠自己，別人頂多是輔助，沒有人可以代勞。

想清楚了的話，要保持健康就牢記並堅持以下幾點吧：

第一，要渴望健康。

第二，遠離那些消極情緒。

第三，每天堅持在固定的時間用肯定法對你的潛意識發出指令。

第四，反覆對自己進行暗示。

第五，保持心態的平和，不受那些不協調，不和睦或消極的人和事的影響。

第六，在你思想中健康觀念根深蒂固之前，不要去觸碰那過去的痛苦經歷，你要足夠堅強地面對過去的煩心事，以此保證不受它們的負面影響。

第七，保持堅定的信念，一定要堅信精神療法和堅信意志力對一切情境（人和環境因素）的作用。要多與與你擁有相同這種信念的人交流。而不要跟懷疑、輕蔑和不屑於精神學的人打交道。你要明白在這條道路上，你只是一個新生兒。任何這種懷疑、輕蔑、不屑都有可能在你的潛意識中埋下消極的炸彈。它會讓你懷疑自己的疾病是否復發了，是否還能繼續健康，是否應採用其它恰當的治療方法。直到有一天，它爆炸了，我們的一切努力都將付諸東流。

要讓你信念堅不可摧，你就要堅定地相信現在進行的精神方法。你要謹慎地對待別人告訴你的治療你疾病的其他方法，不要輕易地相信你不熟知的療法。在當今這個紛繁複雜的世界，總有著一些自私自利且嫉妒心極強的醫生，他們刻意或無意地誤導你。讓你以為自己的道路不正確，因此，遠離他們並堅信你所走的道路至關重要。

第八，要多學習，深入理解心理學。只與那些睿智的人交流仍然是不夠的，我還要求你們多參加心理學的講座，要閱讀心理學的書籍，要從多角度拓寬你的心理學。在你領會了前面的真理論述之後，你的信念就會足夠堅定，你就可以在心理學中博採眾長了。

第九，積極參加體育運動。

第十，調整呼吸。

第十一，平衡膳食。

第十二，多親近自然，呼吸新鮮的空氣。

第十三，學會休息，懂得勞逸結合。

第十四，熱愛工作。

第十五，勤洗澡，講衛生。

實踐是檢驗真理的唯一標準

有句俗話說：「病急亂投醫。」而我也確實見過許許多多這樣的病人，他們接受著一個又一個醫生的治療。可是這往往會影響人們的治療。由於一些醫生的無知或者貪念，他們會欺騙性地告訴那些已經治好了的病人，現在的療效只是表面，他的病更嚴重了，因為他採取的治療方法是不對的。或者說只有這位醫生本人的療法才能將疾病治癒。於是，病人們自然在心中起了疑心，自己的病到底是否真的好了。他們好不容易建立起來的信心又灰飛煙滅了，所以，他們又舊病復發了。

我們要明確瞭解一點：精神學是一個新興的學科，我們從認知它開始才不過區區七十五年，而人們卻想在它的名義上冠以形形色色的真理。

我們常說實踐出真知，這不是一個口號，我們就是要利用它檢驗真理。不管你曾經經歷了什麼，哪怕是精神的折磨、肉體的痛苦、內心的跌宕、事業的顛簸、藥物的麻醉，又或者是焦慮、恐懼、不安等，只要你最終痊癒了，那一切都已過去。你的療效就是最好的證明，它可以讓所有人閉嘴。恭喜你你已經找到了屬於自己的法則。

同一個人可以從不同的角度出發，尋找到那屬於自己的法則。他有可能從宗教中找到，也有可能從哲學中找到，還有可能從心理學中找到，但是殊途同歸，只要你的疾病痊癒了，那麼你找到的法則中就一定孕育著精神理論中所含有的真理，而這也是唯一屬於你的真理！

英雄莫問出處，同樣的，在療法方面，我們也沒有必要去追究它的出生地，生產日期，創造者等，只要它是含有真理性的方法，只要它能治癒我們即可。

實踐是檢驗真理的唯一標準，你的病好了，就說明了那種療法的正確性，那其中必然是含有真理的；自然不會欺騙你，愚弄你。所以說，任何疾病被治癒都說明了治療方法中有著真理，它符合自然法則。當然這些法則有許多還不為人知，但它們是真理性的，它們具有人類不可抵擋的大自然之力。只要治療方法奏效，又何在乎醫生有沒有名氣、醫院的級別，或者理論是否是名家提出呢？

遵循自然法則，認知真理性的療法是治癒疾病的關鍵所在，人們沒有認知到真正的自然法則，也不清楚療法中所蘊含的真理到底是什麼。也許他們的認知有九〇％是錯誤的，只有一〇％是正確的。但是只要你的方法中蘊含真理，它在你不知不覺中治癒了你的疾病，這就夠了，雖然你不是很清楚，但是真理為你所用，記住了在治病的過程中我們更看重療效。

所以，不要聽信讒言。不要允許他人動搖你的信念，擾亂你的心境，打亂你正常的生活節奏。一切都有自然的法則控制著，那些與你看法不同的人，當他們是瘟疫，儘量遠離他們吧。他們除了動搖你的信念之外，對你毫無幫助。

沐浴

沐浴是一件非常有講究的事，它對我們益處多多，對於這種全身的衛生清潔，我們應該形成一種生活習慣，我們不妨從博學的講師那裡獲得具體的操作方法。

在沐浴時，我們要小心謹慎，我們要全神貫注，我們要保持著虔誠的心。

運用心理學的知識讓我們的思緒飛翔：

清新和美德在你身邊翩翩起舞，她們是自然界的精靈。她們慢慢地接近你的身體，融入你的體內，現在你充滿了清新與美德，她們來到你的大腦，在你的潛意識中輕柔地開闢了一條捷徑，那是對知識、智慧、力量和一切美好東西的渴望。她們又來到了你的內心世界，為這裡帶來了光芒，那是亙古不變，閃耀千秋的光輝。這一切都在召喚著善良，美德，用實際行動讓這些充滿自己吧。

沐浴過程中，要注意水溫，不能過熱或者過冷。

堅持用最適合的水溫。要因為別人的什麼理論就用冷水，那有可能對你身體造成強烈的刺激。也不可以經常泡熱水澡，那樣也會對你有很大的損傷。

排泄

我們先應明白什麼是排泄，一般人的理解總是比較片面，體內排泄包括四個方面：第一透過呼吸排除體內的二氧化碳和廢氣；第二透過皮膚汗腺排出汗液；第三透過腎臟排出尿液；第四透過腸道排出糞便。

越來越多的精神治療清楚地認知到，治療不僅僅是針對精神上的，它還要配合人體治療一起，這是對付一切疾病的明智方法，具體做法就是確保腎臟和腸胃的功能正常。若能照顧好這四條排泄通路，那麼就出現有很多治療的良好機會。

如果便祕的疾病解決了，那許多人體病症的病根也就解決了，這些疾病的病症自然就消失了。我們要特別注意體內廢物的排泄，更能滿足我們生命這最基本的需求。

在古希臘，哲學家教授學生演講技巧時，都是把「動作、動作、動作」，當作成為一名偉大演說家的格言。而在當今，心理學家在教給人們保持健康的方法時，也會引用類似的格言「讀書、讀書、讀書」。

因一時疏忽大意，我們之前那些保持健康和恢復健康的嘗試已經前功盡棄了。我們不能再忽視甚至背離這些法則了。如果我們一意孤行，我們就只能接受自然的懲罰。

斯德尼・墨菲說過：

所有的醫生都承認這一點：如果一個人充滿對生命的渴望，充滿了活力，那麼只要他身體各部位沒有遭受致命的破壞，他就可以快速恢復健康。如果一個人精力衰竭，沒有絲毫精神，即使不嚴重的疾病，康復對他們來說也很困難。這已被實踐所證明，這一切可以可以歸納為一個原理：一定條件下，充滿活力的生命力會盡可能地向著生命的希望和健康方向發展，不斷前進。因為若反向發展的話，越缺乏活力，越加快死亡。

我們可以清楚地看到各種疾病的不同表現方式，他們都共有更深一層的特點，那是一種補救式的嘗試，未必會有好的結果，但這至少是一次尋求改變的嘗試，它或許已經在不知不覺中使我們的生存條件發生了改變。由此我們可以知道，當生物人體與外部因素發生了不當作用，我們人體會對自己造成損害，而我們自身又會立刻做出反應，我們自身的防禦系統開始修復那些受損的部位。而這種自我防衛又或是說自身修復功能，它們與需要修復的狀態所對應，我們把修復的過程歸於病態；而修復過程所需要的能量和持續的時間，則需要由被修復部位受損的嚴重程度和疾病的成因，重病需要投入更多的時間和能量，無論怎麼說，在恢復健康這條道路上，我們需要能量和活力，而這些具體的量是由疾病和你本身綜合作用所決定的。

其實疼痛對我們有好處。病痛是自然為我們亮起來的指示燈，它要求我們「一停二看三聆聽」。當病痛降臨時，我們要從忙碌的生活中停下來，開始理智的思考一下，審時度勢，看清自己的健康情況，一定要意識到自己無意間觸犯了哪一條自然法則，並開始補救。

我們已列舉了充足的示例來證明實用心理學的基本原理，現在我相信正常智商的人理解之後，自己就可以成為自己的醫生，為自己治療幫助自己保持健康。

在你病癒後，曾經的痛苦經歷應該激發你去關注自己的人體，去弄清楚疼痛的根源。我想再強調一遍，如果你能讀透本書前幾卷，你就可以成為自己的醫生，可以保持健康遠離疾病。

把疼痛當做好朋友，當它來臨時，調動你所有的器官，來迎接它吧。

康復後也要繼續遵守生命的法則

湯瑪斯・巴克・鮑德在《永恆的聲音》中說過：

我們知道用熱療法驅除感冒，我們知道用知識去除愚昧，我們知道用懺悔結束罪惡，其實對待疾病也一樣，我們要用健康的法則來消除疾病。這樣我們就可以丟棄拐杖，毫無遺憾的瀟灑地大步向前走去。

治癒之後，吸取教訓，嚴格遵守自然法則才是最重要的。

我見過很多正直、善良、誠信而且信奉上帝的人們，他們經常生病，他們無法理解自己生病的原因。他們經常與那些背離道德的人們相比較。為什麼他們做盡壞事卻健康自在，自己如此善良卻要背負病痛。這之中的道理很容易說清，每個人的道德評價標準是不一樣的。

那些熱愛賭博、慣於盜竊、時常說謊的人們的道德準則是不同於善良的人們的準則的。它們不會受到良心的譴責，也認為自己不會遭天遣，所以心理上反而沒有什麼負罪感。他們並沒有覺得自己哪裡做得不對，一切都是那麼自然，他們身心不會為此而造成任何負面影響。

但是對於另一些人，對於那些用著各種各樣教義來嚴格要求自己的人們而言，事情就不一樣了，他們在不斷追尋著誠實與善良。他們一向一絲不苟，認真嚴謹，可是人無完人，人們都會犯錯，於是他們的身心就會在他們輕微觸犯自己道德標準時，背負上沉重的擔子。

看待問題的角度不同，所得到的結果就可能大相徑庭。一個人看來是如此自然的事，另一個人就可能認為是毫無道理的。這些不定性行為對當事人的影響，取決於事情違背當事人行為準則的程度。騙子在撒謊時，覺得這沒有什麼錯。但是對於你就不一樣了，也許說一個小小的謊言就會使你遭受良心的譴責，引發各種負面情緒。但也沒有必要為你那過高的道德標準而感到不幸。正是有了它，你才是現在正直善良的你，而不是一個壞人。

呼吸

呼吸貌似簡單，實則內容豐富，能好好地完成呼吸就能為我們痊癒後，繼續保持健康增添了一個大大砝碼。正常呼吸的重要作用是我們難以用語言來描述的。在本書的第四章中筆者已針對這個重要問題做出了大篇幅的解釋和教導。這是一本心理學的叢書，我花費大量篇幅去強調呼吸的重要性，並不意味著我在將這種規律性話題從心理學轉向生理學。我只想表明我的立場：只有進行合理的呼吸運動，我們才能康復並保持我們的健康。

赫里沃德・卡瑞登早在在《高層次精神開發》中就已闡述了深呼吸的重要性。類似瑜伽術就對深呼吸法的探究：

要學習深呼吸與呼吸的規律性。呼吸由三個環節組成：吸氣，屏息與呼氣。而每一環節應該是等時的，也就是說每一個環節所花費的時間應相等。

研究瑜伽術的人們在實踐中發現了這一比例，並將這一比例教授給徒弟們，以此來進行呼吸。隨著瑜伽的發展，人們慢慢把注意力集中到屏息上，也就是憋氣。當人們按照這種方法進行呼吸時發現：屏息時，氣體存於體內，大腦以一種令人難以置信的速度運轉著。這就是我強調正常呼吸的目的所在。除此之外，還盛傳著一個說法，透過運用屏息，人類可以無限延長自己的生命。研究瑜伽術的人們也在這門古老的藝術中有著驚人的表現，有這樣一個被一位英國著名軍官出示書面證明的實驗，他對實驗全過程的每一環節進行了詳細描述，實驗過程如下：在取得一位瑜伽修行者的同意後，修行者進入一個密封的棺材裡，並在其中生存七至四十天。

當今，我想已經沒有必要去列舉示例來說明深呼吸的重要作用了。我想所有人都已認可深呼吸，它可以更深地淨化你的血液，可以使你的眼睛變得更加清澈明亮，可以使你的氣色更加的紅潤，可以使你皮膚光滑細膩，神采飛揚，並使你健康充滿活力；但仍然還有一些不為大多數人所知的作用——它會令你的身體發出光芒。在十幾年前這種說法一定會引來西方科學的嘲笑，但現在早已經過種種化學及其它物質材料的檢測，證明了這種說法的科學性。而年輕人的身體會散發出比老年人更強烈的光芒，據說這也是那而那所謂「青春的活力」的來源。

而深呼吸的這一作用，可以使年長者釋放出比一般年輕人還要更多的朝氣與活力。而它的這一作用也同樣是瑜伽術最吸引人的功效之一。你無法猜測瑜伽修行者們的年齡，他們總是看上去很年輕，更確切的說是英俊，但據說他們的實際年齡甚至已經遠高於我們的平均壽命；他們的眼裡總是閃爍著奪目的精光，他們身體結實又健康。

眾所周知，而且我們每天在驗證著這一事實：我們生存不僅僅是依靠食物，我們還需要透過呼吸和睡眠來獲得養料。

我們的養生法不僅僅需要健全的生活，合理的思考、飲食、飲水、呼吸和睡眠，一定要保證睡眠時有充足的新鮮空氣。這樣第二天，你就會精力充沛的醒來，一天都樂觀自信，幹勁十足。謹記，不良的呼吸習慣往往會引發憂鬱，煩惱和意志消沉。

不良的呼吸習慣與煩惱是緊密相連的。所有病人都沒有良好的呼吸習慣。

呼吸的目的是運輸新鮮的養分，而惡劣的呼吸則會導致血液中充滿大量廢物，使大腦反應遲鈍，使能量的利用率下降，從而使整個人體活力衰竭。調整好呼吸，保證你睡覺的地方有足夠的新鮮空氣。冬季來臨後，保持室內的濕潤，避免過於燥熱。在充足的新鮮空氣中進行有氧運動。

所以治癒後不要停下，趕緊行動起來，在你的健康計畫書中加上深呼吸吧。

思想還是要以物質器官為載體，是具有局限性的，對它來說克服那些身心缺陷或身體不適，這不僅是浪費時間，還是過於沉重的負擔。而這些病症其實都是由於你的不良飲食習慣，過度疲勞，思想消極，缺乏鍛鍊，缺少陽光和新鮮空氣而導致的。

第十二章：教育孩子的自我暗示方法

幼稚教育的開始時間一直存在著爭議，事實上，他們應該在媽媽肚子裡的時候，就接受相應的教育——胎教。也許許多人感到這很荒謬，一時之間難以接受這個本應無可爭議的事實。

如果懷孕初期的婦女反覆在頭腦中，重複自己所希望小孩的性格、心理狀況、生理狀況，並且在整個懷胎期間反覆的想像，那麼她最後生下來孩子的各個特點就會與她所渴望的一樣。

溫柔的婦女也可能生出粗獷的孩子，長大後他們會成為浴血奮戰的勇士，只因為在孕育他們的時候他們的母親有著培養出英雄戰士的願望；那種崇尚智慧的國家，母親則會希望生出聰明的孩子，他們的智力要比他們的健康狀況好得多。

以這種方式孕育出來的孩子，更容易接受暗示中有益的部分，並能將它們轉化為自我暗示。而這些自我暗示，對他們的一生都會有指導作用。我們需要強調一點：我們的所有行為都由自我暗示支配。我們所有的言語和行為，都是自我暗示的結果，而這些自我暗示都是由實例暗示、語言暗示轉化而來。

那麼我們要解決的問題就清晰起來，孩子們的父母以及那些教育家們，要學會避免引發孩子的消極自我暗示，幫助孩子生成積極的自我暗示。

要溫柔平和的與孩子對話，但是語氣一定要堅定。這樣可以避免他們的反判心理，並讓他們願意順從。

與孩子交往最重要的一點就是要避免粗暴和刻薄。因為這些行為會將帶來殘酷和仇恨這種不良自我暗示。在一些常見的情形中在孩子面前要保持溫和的狀態，千萬不要在著孩子面前訓斥他人。

這會對孩子帶來不良自我暗示，會在孩子潛意識中埋下禍種。

我們要喚醒和保護孩子心目中對真理的渴望和對世界的熱愛。要以愉快溫和的語調清晰地回答他們所有的問題，這樣可以激發他們的興趣，千萬不要說：「別煩我，安靜點，長大你就知道了」，這樣的話會讓他們有挫敗感。

一定要記住無論什麼情況都不要對孩子說：「你不僅沒有優點，還很懶。」這句話會讓你的孩子真的變得又懶又沒有優點。

對待那些性情懶惰，工作成績也很糟糕的孩子，正確的做法應該是，在某一天，不管事實怎樣，表揚他說：「你今天的工作有很大的進步，做得很好！」這種不尋常的讚揚為其帶去了良性的自我暗示，使他在下次工作中有了更佳的表現，漸漸地，這種明智的鼓勵與良性的表現形成了良性循環。最終使他成為一名真正優秀的人。

同樣需要牢記的是，任何時候都不要當著孩子的面談論疾病，因為因為這會使他們接受不良暗示從而產生消極自我暗示。要盡可能的在他們潛意識中灌輸這種觀點：對於一個人來說，健康是常態，而生病是不正常的，如果你的生活規律正常，那你絕對不會產生任何疾病。

要給他們灌輸害怕這、害怕那的思想，男子漢就要毫無怨言地接受風、雨、冷、熱的考驗，而且男子漢是應勇往直前地戰勝它們。

妖魔鬼怪的故事會讓他們引起恐懼和不安，會使他們變得怯懦，甚至會影響他們的一生。

因為某些原因而不能養育自己孩子們的父母一定要極其謹慎小心地挑選孩子們的委託人。僅僅有愛心是不夠的，他們還必須擁有著你所期望日後你的孩子們也會擁有的特質。

透過耐心的解釋和以令孩子們愉快的方式，教給他們你所想讓他們知道的知識。運用對一些軼聞趣事的講解和勾引他們好奇心的小技巧，來讓他們迫不及待的想去學習下一章的內容。透過這一切的可能來喚起孩子們對工作和學習的熱愛。

首先，要讓他們意識到人類的意義、生存的意義、工作的意義。讓他們明白工作對於一個人實現價值的必要性，他們可以因為工作而實現自我價值從而獲得滿足感。讓他們知道一些人所嚮往和渴望的終日無所事事，是極其可恥和毫無價值的，這些人會覺得疲倦，患上精神官能症，甚至厭惡世界，他們不僅僅是沒有用的生物，甚至會因整日無所事事，而無法獲得任何滿足感而誤入歧途，最後成了罪犯。

要幫助孩子正確地看待他人，要教他們禮貌，和氣的對待所有人，在面對那些階層地位比自己低的人是更要謙遜有禮，絕對不能因老年人年老體弱或有人身體缺陷而嘲笑他們，教導他們要去熱愛所有人，面對需要援助的人馬上伸出援助之手，無論他們是誰。

幫助別人時不要計較自己在金錢和時間上的得失，與這些相比，幫助他人更重要，教導他們關心他人應該勝過關心自己，透過創造機會讓他們幫助他人，就像極大地滿足他們的內心世界，無私的觀點就會扎根在他的潛意識中，這樣利己主義無論如何都不能影響到他不論他們富貴、還是貧賤。

要幫助他們建立自信心，要告訴他們：任何一件事情，任何一種工作都有它們的方法，運用適當的方法就會事半功倍。應先理性的思考判斷，最終形成一個明確的方案，並嚴格執行。但是如果中途發現方案是錯誤的就要立刻改正，亡羊補牢也是很好的做法。

當然，幫助他們建立一個一生都不屈服，堅定的前進信念也是十分重要的，這種信念會驅使他們走向成功。在這種信念的影響下，他不會靜靜等待這成功的來臨，而是尋找一切可能去促使自己獲得成功。哪怕是任何一點獲得成功機會的蛛絲馬跡，他也不會錯過。但如果一個人沒有這種信念，他就會不斷地懷疑自己的能力，懷疑自己成功的可能性，從而不斷地失敗。因為他是朝著失敗方向的，一切的努力只會加快其失敗的速度。

教育孩子不能單純的說大道理，要使用舉例子、列事實的方法教育孩子。孩子擁有很強的可塑性，他會按照你提出的要求去做事情。

想在孩子們生理及心理上營造一個健康的氣氛，就要在孩子牙牙學語時開始每天早晚連續重複二十次：「每天，我的各個方面變得越來越好。」

透過下面將要提到的暗示，你就可以幫助孩子改掉缺點，也可以幫助孩子挖掘出他潛在的各種才能。在每天晚上孩子睡著之後，需要你輕輕地接近他們，保持不會把他弄醒的安全距離，用低沉單一的語調，輕聲對他說出你對他的那些期望，這種方法依然是貴在堅持。

老師們則應該在每天早晨使用下面的暗示法：

老師們應該每天早晨一到學校就鼓勵孩子們，對他們說：「孩子，我希望你們在對待每一個人的時候都能夠禮貌、友善。在面對父母和老師對你們提出的要求和勸告時，你們不會產生任何負面情緒，而是去聽從這些要求和勸告；曾經的你們也許會厭煩他人善意的提醒，但是現在好了，你們足夠聰明來理解這些提醒中對你們的愛，你們不但不會對此生氣，反而會去感激那些說教你的人們。」

從現在開始，你會熱愛你正在做著的事情，無論那是什麼。開始喜歡學習並能掌握那些過去你雖不喜歡但你有必要學習和掌握的東西。你會集中所有精力去傾聽老師講授的知識，會認真的思索老師提出的問題，你不會去關注周圍學生的可笑行為與話語，自己也不會在去做那些打擾他人學習的事情。在你專心和認真的狀態下，你是非常聰明的，沒有東西可以使你感到困難，所學到的東西都會深深地刻在你的腦海當中，你可以輕鬆地理解和容易地記住老師所講的一切，你總是可以運用你所學的知識幫你解決你所遇到的任何困難。同樣的，你會集中所有精力去完成你的任務和學習你的課程，無論是在有人還是獨處的情況下，你都會有良好的表現，並取得與自己出色能力相應的成績。

如果你能夠嚴格遵循如上的建議，從懷孕期間就堅持幫助孩子們進行有益暗示，那麼你的孩子就會在心理和生理上具有最強的能力。對於那些還沒有充分理解自我暗示原理和工作方式的人來說，對胚胎進行教育，幫助它進行有益暗示仍是一件荒誕滑稽的事。在這裡，我不想再做過多的解釋，因為在前面的章節中我已經解釋得非常清楚了。我只想再強調一次，「想像總會戰勝意志力」，通過對想像的訓練即實行自我暗示，剛懷孕的媽媽不僅僅可以決定孩子的性別，還在很大程度上決定著孩子生理上和心理上的特質（已得到醫療權威人士的證實）。具體方法，只要她想像她所期待孩子的畫面及他們所應具有的品德和才能，在腦海中，在潛意識中不斷勾勒出她的孩子的形象。

更重要的是，孩子的某些特質可能會比母親想像的更加出色，這並不代表這個孩子的原有特徵會減弱。在孩子們的成長道路上，他們對自己進行的自我暗示所產生的作用可以取代父母暗示的作用，並且主導孩子的一生。但我們必須注意一點，我們過去接受的自我暗示或示例會影響著我們現在的行為。正因如此，對所有父母和教育者而言，應該盡可能早地對孩子進行教育，謹慎地進行有益的暗示，控制和那些能影響孩子的不良暗示，這非常重要的。

對待孩子絕不能用粗暴的方式，因為這樣會使孩子們產生各種不良情緒——畏懼，憂鬱甚至憎恨。要用平和的語調勸說他們服從你而不是誘惑他們屈從於你。父母與教育人員必須有效地進行有益的暗示，並盡一切可能使孩子遠離不良暗示。

要做好這些是非常不容易的，在這裡我只能嘗試列出一些命令或暗示，不過這只是一些簡單而寬泛的暗示，應該做到因人而異、因地制宜。

一、**禁止在孩子面前說別人壞話**。他們有足夠的天賦來模仿你的做法。如果他也這樣背後中傷別人，就可能導致不幸的事情發生。

二、**喚醒他們潛意識中對真理的追求和大自然的熱愛**。要盡一切可能地保護他們的求知欲。面對他們提問時，不要像大多數父母那樣回答：「你又來煩我了」或「你以後就會知道了」，這會使他們失去求知道路上的歡樂與興趣，而要給出明確而又幽默的答案。

不要總說孩子們的缺點，這些暗示則會變成現實，而要表揚他們，這種暗示才會使人變得優秀。

三、對於孩子而言，鼓勵是無可替代的。當你發現孩子有著懶惰或粗心大意的傾向時，你千萬不要批評，而要說：「不錯，你今天進步了，比往常做的好多了，讓我十分滿意。」雖然這與事實不符，但這種進步，優秀和努力的良性暗示將深深地扎根在孩子們的潛意識中，並在你的繼續鼓勵中逐步體現出來。

四、禁止當著孩子的面談論疾病。因為暗示會把這兩個字傳入腦海，使人們不自覺地產生想避而遠之的疾病。要讓他們意識到我們的健康是常態，生病是不常發生的，只有在違背自然法則之後才會生病。

五、不要過分保護孩子。不要因害怕他們凍著就灌輸給他們壞天氣不好的想法，更不要因害怕他們亂跑就用妖魔鬼怪嚇唬他們。要讓他們知道，寒冷、炎熱、颳風、下雨是自然界的正常現象，是人類所必須經歷的，更是磨礪我們的途徑，要勇於面對這些。而疾病不是由這些引起的，只有錯誤的思想才會導致生病。妖魔鬼怪是不存在的，黑夜與白天一樣，沒有什麼值得恐懼和害怕的，在今後的生活中也勇於面對一切。

六、**要讓他們對學習產生興趣，渴望學習**。在教授難題的解答時，你應該面露愉悅之色，要在他們印象中形成「這個過程中充滿了快樂」和「這一點也不難」的想法。運用軼聞趣事和引發人興趣的小技巧，讓孩子們迫不及待地想去繼續學習，要讓他們想學習，而不是逼他們學習。

七、要讓孩子們做適於年齡的家務。在這種循序漸進的過程中培養他們熱愛勞動的思想，要讓他們知道遊手好閒不僅是可恥的，也是不利於自己健康的。它導致生理上和心理上的各種疾病。要讓他們知道勞動是實現自我價值必不可少的途徑。這樣孩子們會自然地吸收這些暗示，深深扎根在腦海之中並在以後發揮作用。

八、要從自身做起，為孩子們樹立良好的榜樣。我們並不是要討論一個好孩子需要具備怎樣的品質，我沒有必要列舉那些品質。我所要的就是幫助父母在他們對孩子教育和培養過程中運用有效的暗示和自我暗示。「身教勝於言教」這是我們前輩就明白的道理。而我想讓大家能更認識暗示的真諦，能掌握自我暗示的力量。

九、在孩子睡覺的時候對他們進行暗示。每天晚上，在孩子們即將睡著或者剛睡著後不久，你要出現在他身邊不遠處，以不把他們吵醒和聲音能傳到他們耳邊為準，運用低沉單一的語調訴說你對他的期望，重複二十遍你所期望孩子擁有的品質和想讓他改正的缺點。你需要重複這種單調的語句，而不是去向他說明原因，對觀點的簡單表述是最有效在潛意識中加深印象的方法，過多的表達反而會畫蛇添足，適得其反。使用重複這種單調語句進行暗示，在改正孩子性格上缺點和培養他所不具備的能力方面可以取得極好的效果。

十、在孩子們上學的時候進行自我暗示。教師們應該在每天早上上課之前要求他們閉上眼睛，然後對他們進行這樣的教導：「孩子們，我相信你們是善良的，有禮貌的，我相信你們可以和睦相處。你們知道到底是誰對你們好，因此你們會記住父母和老師的教誨，也會聽從父母和老師的教導。你們追求真理，你們勤奮好學，你們會慢慢愛上那些以前不曾喜歡的科目。你們會集中所有精力來聽講，而不會去關注那些在課堂上無聊的搞笑行為，因為你們知道那些行為只會浪費寶貴的時間。你們是聰明的，是勤奮的，因此無論面對哪一門功課，你們都可以毫無困難的掌握並會有更深的理解。你們會學有所用，並不是紙上談兵，而是把知識運用到實踐中去。「教師們利用這種暗示可以取得顯著的成果。」

潛意識決定著孩子的性格。上面所提到的只是一個暗示實例，教師們應根據自己所處的環境和具體孩子們的情況加以修改，也可以根據當天的特殊需要加以改進行，其實你具體說的是什麼不是關鍵，它只是進行有益暗示的一種途徑即使孩子們開始時不集中注意又或是發笑，也沒有關係。當早晨的暗示（他們沒有必要知道暗示的目的）已經形成習慣時，就算不去聽這些語言，這些語言也會進入潛意識中，使他們不自覺地聽從這些語言，從而發揮暗示的作用。

總之，想要教育好孩子，就要充分依靠暗示。暗示決定著孩子性格、才能、品質的塑造。向孩子潛意識中灌輸有益的暗示是至關重要的。不良的暗示所帶來的錯誤自我暗示可以使一個人成為罪犯，同樣地，正確運用暗示幫助孩子們進行有益自我暗示，他就會成為一名有益於社會的人。

第十三章：我不是一個能治療所有人的醫生

Suggestion and Autosuggestion

在自由女神腳下，我被數十位特地採訪我的新聞記者所包圍，他們都來自《聖報》，他們不斷地向我提問。透過這個我也對這次美國巡迴講演所受到的歡迎程度有了初步估計。

就在不久前，剛下輪船的我被強壯的美國員警保護著走到搭載我的小轎車上。在車上我驚訝的看到路旁擁擠著前來歡迎我的人群，這種感動讓我無法忘懷。我甚至懷疑我是不是值得如此熱烈的歡迎。你會不會覺得如果我因為受到這樣的歡迎感到自豪是一件非常不謙虛的事情？但我不這麼認為，因為我知道的，美國人民以熱情著稱，他們對於我的關心和注意，都因為他們對以我的名字命名的自我暗示療法有深入研究和探索。

來到紐約的見聞讓我十分驚訝，這是一段難以忘懷的記憶。稍後我會詳細談談我的整體印象。我至今無法忘記與第一次與美國人交往那種驚奇的感覺，而這種驚奇的感覺隨著追隨我的人的增多也在增強。雖然盲從有利於一個人病情的好轉，那些帶著他們一定會被治癒的信念來找我看病的人很可能還沒等見到我，就在半路上自己康復了，雖然這樣，但是我還是不希望人們對我盲從。但實際上只有很少的人可以直接接受我的治療。

就算我擁有那治癒疾病的特殊能力（實際上我並不具備這種能力），實施這種能力的結果的結果也不一定都是樂觀的。但可以肯定的是，這一系統的潛力是無限的。我這樣說的意思是，我不可能治療每一個人，但是人人都可以進行自我治療。所以我現在唯一目標就是傳授你們進行自我暗示的方法。請務必摒棄只有我才能對你們進行治療的錯誤觀念。我不是一個職業醫生。

我開始有點瞭解美國人所犯的錯誤，是在有新聞記者在報紙上稱呼我為「博士」和「教授」的時候，我必須及時更正：「我既不是博士，也不是教授」。

報紙介紹完我的「頭銜」又繼續介紹我在我的「診所」裡所進行過的治療。其實「診所」也是一個錯誤的詞，我只是在一些小型聚會上和一些事先選擇好的患者見面，然後告訴他們，如果遵循我的自我暗示療法，他們的病情會明顯減輕甚至康復。看到這些受著病痛折磨的可憐人們，可以因為我的治療而減輕痛苦，我感到十分快樂。但我更希望，我可以將我的療法傳播給更多的病人，並取得他們的信任。這樣我會更加快樂。

所以請一定摒棄只有我的治療才能使你健康的觀點，如果每個人都這麼認為的話，我的目標將難以實現。但是似乎這種願望很難實現，每當我告訴我的病人，你要靠自己的力量康復而不能指望我的時候，他們總是回答：「話雖如此，但是對我來說，你的確是發生了作用的。你對我進行的暗示比我單獨一個的效果要好的多」。

這種狀況看來合情合理，但實際上，我在的時候給病人提供了自信，所以他們更相信暗示會成真，就像我前面說的那些極端例子：一個滿懷信心來找我看病的人在，可能半路上就會康復了。

換個角度來說，如果我真的擁有著奇特的能力，那麼我的治療效果應該是千篇一律的，但事實並非如此。對於有些病人，我沒有任何作用，這就充分證明了我所擁有的那種「奇特能力」並不是治療有效的關鍵因素。那種力量只不過存在於某些人的想像之中，我前面也提到過想像是萬能的。在這種情況下，想像的確有助於健康的恢復，因為那是正面的想像。但是如果你的想像是「必須由我來給你進行治療」，那就錯了。我希望美國的人們可以意識到，他們需要做的就是進行自我暗示，這要求你們要充分理解自我暗示的原理，並且要做到絕對的信任。

自我暗示並不是我的發明，這只需要我們遵循古時就被人們認可的真理。我的作用，就是實踐了這個真理，並且從中提煉出了可以為所有人所使用的範本。有一天，一位紳士接受採訪時，談到他將我的自我暗示療法描述為「對教會的直接挑戰」。但是我並未發現自我暗示與宗教之間有什麼聯繫，我也沒有像有人推斷的那樣創造出什麼信仰。難道說醫學是對宗教的挑戰？自我暗示只是讓大家發掘自身的無限可能，利用自身潛在的力量，無論你有何種信仰，天主教徒也好和新教徒也罷，還有伊斯蘭教徒或佛教徒，你們都可以在不違反自己的教義的情況下使用自我暗示。造物主賦予我們的力量，我們加以利用，這並沒有錯誤。

我要再說一遍：自我暗示與宗教毫無關聯。許多宗教的首領都對自我暗示嗤之以鼻，據說這是因為我的成就與所謂的「奇蹟」聯結到了一起。但實際上根本就沒有什麼奇蹟，將來也不會有，所謂的「奇蹟性的」治療是很簡單也很容易理解的。很多受疾病折磨的病人，只是自己猜想的結果，他們想像自己患了某種疾病，於是就真的產生了這個症狀。但是如果他們可以反過來想像「自己會康復」的，那麼他們的症狀就會消失。在美國這樣充滿同情和關心的環境中，我並不是想要反擊那些對於我的批評，我只是渴望消除人們對於我的誤解，並認真的對待我。我希望大家可以接受我的理論，這說起來很簡單，但是這理論的建立是以科學事實為基礎的。

練習自覺的自我暗示

在每天起床和睡覺之前，都要做下面的動作：閉上眼睛，在嘴中唸唸有詞（這是非常重要的），機械式地重複下面的話二十次：「明天，無論什麼方面，都會越來越好！」不需要考慮具體的是哪一件事情，因為「無論什麼方面」就代指所有的事情。

在進行自我暗示的時候一定要虛心虔誠、自信你將得到一切你想要的。你信心越足，就能越快的達到你的目標。

而且無論何時，當你身體不適時，要嚴肅的告訴自己：我不能去助長它，症狀馬上就會消失。然後將自己與他人隔離，閉上眼睛。不同的地方，就要把手放到不同的部位，如果是精神壓力，就將手放到額頭上，如果是身體疼痛，就把手放到疼痛的位置，嘴中要唸唸有詞，多次重複：「它就要消失，它就要消失了……」直到病痛消失為止。練習後的二十至二十五秒，身體和頭腦的不適都會消失。若不順利，那就再來一次。一定要注意在自我暗示的過程中要避免意志努力的成分。

自我暗示只是讓大家發掘自身的無限可能，利用自身潛在的力量，無論你有何種信仰，你們都可以在不違反自己的教義的情況下使用自我暗示。

第十四章：在美國進行的演講

女士們、先生們：

你們好！

首先我要請大家原諒，原諒我的英語不如大家所期望的那樣好。但請大家理解對於我這樣一個出生在法國的人來說，很難像你們一樣說出流利的英語。

我要說，你們的盛情款待讓我不知所措，我不知該怎樣應對，只能向你們表示我由衷地感謝。我想我的感謝只能透過以下的方式來表達了。我要為大家仔細介紹我在南錫時著手研究出來的那些方法的原理，希望我的成果對大家有所幫助。

在南錫，我會先對來我這看病的人們說：「你是不是也幻想著我是一個初中的人，但很可惜我不是，我並沒有因為能夠治好很多人的疾病，就像你們想像的那樣有著魔幻能力和特殊魔法（伴著身體動作）。然而真實的我與大家的想像完全不同。我不是一個醫生，更不是一個魔法師。

我只是一個平凡而普通的人，正如你們眼前的這個，我沒有治療別人的職責，但我有責任教給大家如何自我治療或如何改善他們當前的狀態。並使他們清楚，他們正在使用一種可以受益終生的方法來幫助自己，而大家卻對這個方法知之甚少——這就是自我暗示。

從我們一出生，我們就一直在運用自我暗示。自我暗示無處不在並將伴隨我們一生。自我暗示創造了我們的夢境。我們做的事情、說的話都是自我暗示，就連潛意識也是自我暗示的結果。

也許你會感覺我是在誇大其詞，而事實上我沒有絲毫誇張。我們一生下來就會使用這種方法，我經常列舉這樣一個例子來證明：一個躺在搖籃裡剛出生兩天的小嬰兒，突然開始啼哭。

而當他的父母把他抱起之後，嬰兒就會停止啼哭。當再把他放回搖籃中時，他又馬上開始了啼哭。當父母再次抱起他來時，他又會停止啼哭，如此往復循環。

其實這個小嬰兒已經成功的對他的父母施加了暗示。他的父母獲得了這樣的暗示：孩子每次哭，都要把他從搖籃中抱出來。在他們眼裡，這樣他可能會更舒服。這樣做的結果就必然會導致你可能一年中的大部分時間，都需要抱著孩子而不是讓他躺在床上。此時的嬰兒也會對自己說：「當我想要父母來抱我時，我就啼哭。」

如果相反，嬰兒的父母讓他哭上一分鐘、一刻鐘、半小時、直至一小時，嬰兒就會發現自己這樣做是徒勞的，於是他就不會再用這種方法來達到這個目的了。

我們前面提到過，自我暗示是我們畢生都在使用的，只是我們是在無意識的使用它。如果我們可以正確地，良好地運用自我暗示這種方法，必然會產生我們意想不到的結果，他可以創造奇蹟，但如果我們不良地，錯誤地運用它時，它也會帶來災難和不幸。

我的作用就是告訴世人自我暗示就存在於他們自身，並教會世人如何正確運用自我暗示。自我暗示具有危險性，但當我們清楚這種方法的危險並加以避免，那它就不再危險了。我的職能是向你們表明，它是如何如何發揮作用的。這是一件非常簡單的事情。它如此的簡單，然而卻正是因為它的簡單，致使世人感覺其如此之神祕莫測，到底是怎樣的作用才能使如此簡單的方法產生令人難以置信的結果的？

在告誡大家其危險性之前，我之所以如此強調是因為在之後的忠告中，我不會施行任何暗示，也不會實施任何催眠。我沉浸於催眠術多年，但慢慢地，我停下來了，放棄了催眠，一切都是因為一種更好更有效的方法，即我馬上要為大家演示的方法。

在提出忠告之前，我會透過進行一些試驗來演示我所說的方法，當然這些試驗是建立在我的理論基礎當中的兩條規則之上的，接下來，你們將會知道我的自我暗示方法。

你們能聽清我的聲音嗎？

（一個聲音）對不起，能大聲點嗎？

庫埃先生：當然可以。你們可以透過這個試驗來思考，建立在我自覺的自我暗示理論上的一些問題。

在合理的前提下，存在於我們頭腦中的所有想法都會成為現實。如果一件事有可能發生，那他就一定可以實現，當然，只有在我們確定它有發生可能性的前提下，我們的腦海才會樹立這種想法。比如說，一個人進行了腿部截肢，他想像著這條腿還會長出來，而毫無疑問它不可能長出來。因為到目前為止，它還沒有發生的可能性。但是如果我們有著悲觀的情緒，假如我們的某個器官不能正常運轉，又或是我們身體的某個部位出現不適，我們就可以只通過現象來消除它們：我們只要想像著悲觀的情緒正在轉化成樂觀的看法。我們的器官慢慢地歸於正常運行，我們身體的部位正在變得舒適。它們就真的發生了。

同樣的，適於睡眠的想法可以幫助睡眠，而不適於睡眠的想法卻可以導致失眠。那些睡得香甜的人，從來不會為了睡覺而睡覺，他們上床時，也不會想今夜要比昨夜睡的更好，因為他每夜都睡得安穩香甜。

同樣也是因為你有精神官能症的想法，所以你才會真的精神官能症；有的人總是幻想並且擔心自己在被邀請赴宴的那天會犯頭痛病，那麼在這一天他就真的會發病。

只要不斷的幻想：「我眼睛看不見了」、「我耳朵聽不清了」、「我沒辦法走路了」，就足以使人會變瞎、變聾、變癱瘓。當然這並不意味著所有擁有這些疾病的人都是由這些想法而造成的。但確實有很多人是因為這些想法而致病的。這一點我可以證明給大家。我就遇過這種人，而那所謂的奇蹟就是產生在這種人身上。

而說到我的功績，其實也一點不偉大。曾經，我治癒過根本就沒有生病的人，但是這種生理上沒有疾病，但是卻表現出疾病症狀的有很多。下面我將給大家舉幾個例子：

第一個例子，在南錫的時候，有一位年僅二十三的年輕女士來我這看病。她的左眼自她三歲起就完全看不見東西。而她來到我這裡之後，左眼馬上就看得見東西了。所有人都以為這是一個奇蹟，但事實上這個事情很簡單，我解釋給你們聽。

早在這個年輕的女士二歲的時候，她的左眼生了病，在接下來一年的治療時間中，她的左眼一直纏著繃帶。解下繃帶之後，左眼依舊保持著這個習慣，不看東西，一下子就是二十年，我想如果她沒有去找我的話，她的左眼至今仍看不見。我告訴她，她的左眼是可以看得見的，因為很顯然有這種可能。於是，她理解了，看到了。

這種近乎相同的病歷比比皆是。還在巴黎的時候，我對一位癱瘓的婦女進行治療。當我見到她時，她的整個右半身幾乎一點不能動。而僅僅經過一次治療之後，她馬上就可以站立並且行走了，癱瘓多年的右半身變得與左半身一樣靈活。

大家都認為這是一個奇蹟，但其實這道理也很簡單。最開始的時候，她確實癱瘓過，確實中了風，血管中出現了血栓。她當時是真的癱瘓了。但是後來她的血栓溶解消失了，按道理來說她癱瘓的部位應該可以活動了，但這個婦女還是堅持認為：「我癱瘓了。」於是她依然癱瘓。我告訴她，她可以運動，讓她想像著運動。當然她做到了，如此簡單地做到了。

這些例子讓我想告訴大家，只要有發生的可能性，那我們的潛意識和身體就會讓這個願望成為現實。如果我們患的病是有希望治癒的，那我們把這種希望灌入潛意識中，那麼我們就可以痊癒。這樣我們可以在最大程度上恢復身體健康。

我要說明的是，運用自覺的自我暗示方法時並不是排擠醫學上的藥物治療，也不會建議大家不去遵循醫生的指導。

自我暗示並不仇視傳統醫學。恰恰相反，它們應該是相輔相成的，正確地利用它們可以更好地為人類服務。我希望可以將自我暗示的研究成果運用到傳統醫學中去，這會給醫生和病人都帶來巨大的收益。

我要再次強調一遍，想像遠比意志力更有力。因為這是我的方法與其他方法相區分的關鍵所在。也正是從這點出發，使我得到了通過其他方法所不能得到的結果。

每當意志力與想像相衝突時，毫無例外的都是意志力給想像讓開道路。每當我們心中想著：「我要做什麼事，但卻難以做到」時，結果往往會事與願違。你所使用的意志力越強烈，那麼你所得的結果就越與你的願望背道而馳。我會再舉一些例子來論證我的觀點。

首先，我舉一個失眠的例子。我相信很多有同感的人會認同我的觀點。一個有失眠症的人如果在一個晚上不去想著睡覺，也不做任何嘗試睡覺的努力，就是靜靜地躺在床上，不用一會兒工夫他就會進入夢鄉。相反的，如果他很想去睡覺，努力嘗試入睡，那將會如何？他越是努力就越興奮，結果與他的願望相差甚遠。他原是想睡覺，結果卻相當清醒，相信很多人都有這種經歷。

這樣的例子舉不勝舉，比如說你忘記了一個人的名字，你越是著急的想要回憶起來，就越是無法記起。但是當你不再努力時，通常，一分鐘後，這個名字會自動回到你的記憶中來。這是一個值得分析的現象，它包含兩種情形。

當你回家時，對你的親人說：「你知道嗎，剛才我遇到了……」接著，你停下來了，這個停頓在你腦海中形成了這樣一種想法：「我不記得了。」

正像我的理論一樣，我們腦海中的一切可能想法都會成為現實。於是當這個想法出現之後，你就難以想起那是誰。你在努力，但這顯得徒勞。你絞盡腦汁回憶的那個名字，總是逃得比你的思維快，你根本無法追上它。在座的各位都發生過這種事情。然而，幾分鐘之後，當你放棄回憶並告訴自己它會來找你時，這個名字就真的回到了你的腦海當中。「我不記得了」的想法很快被「它會回來找我」的想法代替，這種可能的想法又變成了現實。這時，你又會告訴親人：「我記起來是誰了。」

下面仍然是經常發生的事件，眾所周知，當你無法控制大笑時，你越想立即停止，它就越難以控制，反而笑得更加厲害。開車的人越想繞開障礙，越容易撞到障礙。結巴的人越想避免結巴，越容易口吃。我敢說，這種事情發生在許多人身上，諸如此類的還有很多很多。於是，我們可以試想一下那些情：「我要睡覺，可是我睡不著。」「我要想起某人的名字，可是我想不起來。」「我想避開障礙，可是我避不開。」

在這些鬥爭中，想像總是戰勝意志力。我們既擁有意識又擁有潛意識。但我們經常犯的一個相當嚴重錯誤，就是我們沒有去注意我們的潛意識，而其實正是潛意識完全控制著我們。

我們無法透過意志力來控制我們的心、胃、腎、肝、腸等各種各樣的器官。但是，它們仍然在正常工作，哪怕是在我們的意識已經休息的深夜，他們依舊在正常運行。那又是什麼控制著它們在正常工作呢？控制、操縱它們的正是潛意識。潛意識不僅操縱著這些器官正常工作，甚至還操縱者我們一切的身心活動。

潛意識的作用是如此之巨大，試想，如果我們可以控制潛意識，再透過控制它來控制我們自己，這將會多麼令人興奮啊！我再重複一次，我們的目的是學會如何控制潛意識，再透過控制它來控制我們自己。聽上去這很困難，而事實上我們可以使用一些小技巧來實現。當你徹底掌握這些小技巧時，你就成為了自己的主人。我想大家都聽懂了，但還不敢相信。沒有關係，當你們理解了我的這些實驗，你們就會認同我的說法，因為我所說是這些都是事實。

我先自己演示一下這個實驗，然後會帶領大家一起做。實驗是這個樣子的，我要建立一種意識與想像之間的衝突，我將會用最大的力量把我的雙手緊緊地握在一起。然後將「我無法分離我的雙手」的想法引入到我的腦海當中，正是因為腦海中的這種想法，使我在試圖分開雙手時，反而讓雙手握得更緊。

現在我患了肌肉萎縮症，這是真正的病。許多人都見過這種病的患者，甚至下面的各位，也有患過這種病的人。大家都見過或能想像出這種病的患者。比如，這些患者無法分開或合攏雙手，又或者走路時一條腿無法彎曲，就像個木頭似的。就我看來八〇%的人都不可能完成他們所期待的行為，僅僅是因為他們自認為不可能做到。「我不能」這種想法一直保持在他們腦海中，甚至將在腦海中盤桓一生。但你想在生病時治癒自己，你就必須把腦海中的想法由「我不能」轉換成「我能」。馬上，你就可以感覺到你可以做到了（此時，庫埃先生分開了緊握的雙手。）

事實正如你所見到的一樣，當然你們可以認為我刻意而為之。我確實是有目的地這樣去做，為了向你們證明我想說明的。但是不要懷疑，這個實驗確實如此。如果可以的話，我想請你們當中的幾位一同來感受一下這個實驗。

主持人：女士們，先生們，當一個想法在我們腦海中產生時，對我們而言，我們將會很容易地被這種想法說服。我讓你去握緊雙手。讓你在腦海中產生「我無法分開它們」的想法。如果你確實按照我的要求去做去想，那麼當然，我會看到你的雙手越握越緊。正如我所說的那樣，你無法分開它們。相反，如果你分開了雙手，那麼你腦海中的想法一定由「我不能」轉變成了「我能」。

我想下面的很多人已經理解了，這非常神奇。但只要你理解了，就會很容易成功進行這次實驗。如果你仍不理解，這種事情只能不受控制地發生。接下來，我將請那些已經理解的人們來進行實驗。

（面向一位女士）請慢慢伸直你的雙臂，讓它們變得僵硬，用你最大的力量擠壓你的雙手，用力點，再用力點，用出你的全力，直至你的雙手顫抖為止。在腦海中想：「我要分開我的雙手，可是我做不到。」於是，雙手握得越來越緊了。現在，請你開始想，「我做得到」，然後盡可能緊地握上你的拳頭，只有你用全力才能獲得成功。當然，你腦海中的想法要跟著我的節奏來，否則的話，我們將會得到恰恰相反的結果。我不知道你能否完全理解我所說的。好了，現在你仍然用力握緊你的雙手，看著它們然後想：「我無法分開它們，雖然我很想分開它們。」對，就是這樣，雙手反而越來越緊。

現在請你想：「我可以做到了。」太棒了，你是一個很好的受試者對象。

在公眾面前，受試者對象總是不一樣的。在南錫時，來看我的人總是充滿信心。漸漸地，實驗沒有了進行的必要。而在這裡不一樣，區別在於你們不相信，你們懷疑這一點。但就在昨天進行的所有實驗都取得了成功。我希望今天的實驗也都將獲得成功。人們並不習慣於在公眾面前表演，這是很容易理解的。

我們再做一個實驗，請你伸出兩根手指，用這兩根手指使勁夾住這個鑰匙環。在腦海中產生「我不能讓它掉下來」的想法。正是如此，大家請看，鑰匙環被夾得越來越緊了。現在，開始想：「我能」，是的，它掉下來了，就是如此簡單。謝謝你。（又有多位觀眾上來做了這些實驗）

大家都知道，如果你想讓土地豐收的話，你就需要提前翻鬆這塊土地。因為種子是很難在貧瘠荒涼的土地上生長。我現在就是使用我的這些解釋，演示和實驗來進行我的「耕作」。開墾好之後，我就可以開始向他們播撒種子了，這樣種子就會茁壯成長。這次的演講就是我對你們的「耕作」。

在英國，我對他們說：「你們身體的各項功能都將正常，你的胃口也會好轉，你的消化系統是工作順利，每天晚上都會很輕鬆進入香甜的夢鄉。」

我不要進行一番冗長的演講。我告訴大家我在給大家實施忠告的時候會數三個數字。在這期間我需要大家閉好眼睛專心傾聽我的講話。當我數到三的時候，你再睜開雙眼，你就會有很好的感覺。但會有人偷偷地睜開眼睛，笑著看著大家。三個數字後，正如他們看到的，我已經將忠告帶給了大家。

我已盡了我的職責，接下來就是你們的事情了。如果你按照我的忠告去做，那麼你必然會從中收益。

只要生命還在，那麼就請你在每天早上醒來之後和每天晚上入睡之前，在床上閉上眼睛，以自己能夠聽見的聲音對自己重複二十遍「每天，我的各個方面變得越來越好」，但不要刻意地去想你說的到底是什麼。總之，儘量放空你的大腦。重複的次數方面，你可以借助一根打了二十個結的繩子。

「我的各個方面」是這句話的一個重點所在，它囊括了所有暗示。所以，再去進行任何特別的暗示都已沒有必要了，因為這個短語已經包括了它們的一切。但你必須去進行這種非常簡單的暗示，進行自我暗示。

來嘗試一下這種方法，就像那樣虔誠的人們在教堂祈禱一樣。不刻意地，不施加任何努力地，機械式地重複二十遍：「每天，我的各個方面變得越來越好。」你就可以把這句話成功地輸入到潛意識中。

經過我這一系列的解釋和剛剛大家共同經歷的實驗，你已經發現，在我們腦海中某些想法形成後，它往往會實現。所以，只要你的這一句「每天，我的各個方面變得越來越好」，那麼日復一日，你就會發現，你的每個方面真的變得越來越好。

就是這樣，這非常容易，簡單到使人無法清楚地理解。

然而，正如我所說的這樣，正是它的簡單使得許多人在最開始的時候難以理解。那麼最後我要用幾封信來讓你們相信這種方法的神奇作用。

親愛的庫埃先生：

我在一九二〇年的時候出過一次事故，這次事故使我癱瘓並患了腦震盪。我去找一位崇尚先進醫學並且思想開放的專家尋求治療，但他在醫學界沒有任何寶貴成果。他在對我進行了半年的治療之後，我每小時仍只能走一百碼。這讓我心理不平衡。幸運的是，我在偶然的機會下讀了你的報告。它太精彩了，於是我便嘗試了你的自我暗示治療。依據報告中的指導，我只用了十幾天的時間就變得相當健康，我一次就走了九英里。

另一封信是寫給一位女士的，後來被送到了我的手中：

因為那種方法，使我變得越來越好。事實上，那些看到我的健康在變得越來越好的人已經開始相信了自我暗示的方法。我難以記起我曾經什麼時候有如此之好的狀態。見到我的人們都不敢認我，他們說我看起來如此之不同，說我的改善是如此之大。

還有另一封信。

親愛的庫埃先生：

我敢說，這對你來說一定是個好消息。自七月份我在南錫聽了你的演講之後，我的病就完全好了。也許你對我還有印象，我就是那個自十年前就每天至少發一次重病的人。然而，運用你的方法一週之後我的病就痊癒了，再沒有復發過。

只要你每天早晚都按照我的建議來進行自我暗示，就會像你所暗示的一樣，你的各個方面在變得越來越好。它會奇蹟般的賦予你強大的力量，而這種奇蹟正是源於你的自信。當你充滿信心時，你一定會取得成功。希望你們能從我的忠告中獲得益處，並感謝大家對我的推崇。

第十五章：巴黎演講紀實

Suggestion and Autosuggestion

我記錄下來的一切，只是因為我希望所有人都不會錯過庫埃先生在巴黎時的教導。暫時不談許多在他悉心治療下痊癒的那些在飽受心理，生理上病痛折磨的患者。先讓我們來瞭解一下我在他演講中的一部分摘錄。

問：為什麼我按照你的方法進行自我暗示，可是病情沒有任何好轉？

答：有可能因為在你的潛意識中仍然存有懷疑，又或是在暗示過程中施加了意志的努力。暗示過程中若你的意志力發生了作用，那麼你的想法就有可能改變，最終導致結果與你的期待有偏差，甚至相反。

問：我們應該如何處理困擾著我們的事情？

答：當有困擾你的事情出現時，你就應立即對自己說：「它是不可能困擾我的，半點也不能，這是一件令人愉悅的事情，而絕非困擾。」換句話說，這種方法的目的就是調整我們的狀態，使我們擁有良好的狀態而不是讓我們的心境更糟糕。

問：所有的實驗都不可缺少嗎？你應該知道，最開始的一些可能會影響到受試者的尊嚴？

答：不，這些實驗並非必不可少，有些人甚至覺得這很幼稚，但是他們意義重大，它們至少能夠證明三點：

首先，我們會按照腦海中的那些想法進行我們的行動，那些想法也將會變成現實。

其次，意志力是無法戰勝想像的，如果想像的過程中意志力參與進來，那我們總會做與我們所希望的完全相反的事。

最後，雖然我們可以輕鬆地想像「我不能」和「我能」，而且我們也可以毫不費力地在我們的潛意識注入我們的想法。

但我仍不建議大家一開始就在家裡進行嘗試。因為你獨自一人的時候，難以調整好自己心理和生理的狀態，這往往會導致失敗，也容易打擊你的自信心。

問：當你某個部位疼痛時，怎樣才能避免去想痛苦？

答：沒有避免去想痛苦的必要，而是盡情地想像「好了」，不過要對疼痛說：「我不怕你。」道理就像在某個地方你遇到一隻狂吠著衝向你的狗。這時你如果鎮定自若地盯著牠，那牠就不會咬你，但如果你怕了，掉頭就逃跑了，那麼牠一定會追上你咬你一口。

問：那如果你想撤退呢？

答：退一步海闊天空，那就退嘛。

問：要用什麼方式欲望才能實現呢？

答：透過經常重複你的欲望，比如，你想獲得信心。就要經常對自己說「我正在建立信心」，這樣你就會信心百倍。又或是想提高記憶力，藉由告訴自己「我的記憶力正在變好」，那它就會真的提高。想要控制自己的人，就要對自己說「我正在完全掌控著自己」。那麼你將會成為自己的主人。

如果你告訴自己相反的東西，那麼你將會得到相反的結果。

在合理的範圍內，你連續快速地說出的一切就一定會變為現實。

引用一些感謝辭：

兩位年輕女士談話說：「他太有影響力了，他那神奇的方法多麼振奮人心啊。」如此之簡單易懂，還不需要其他任何東西來輔助。

一名著名的巴黎醫生在一群醫生面前發言道：「我改變了立場，現在我完全相信而且擁護庫埃先生的理論了。」

一個藝術家，一個刻薄的批評家，用「他是一個神」來描述庫埃先生。

的確，他不是去憐憫那些帶有不良自我暗示的「失敗論者」，而是不知疲倦地，積極樂觀地去幫助他們，幫助他們進行良好的自我暗示，幫助他們重複健康，這就是他那神奇方法的特點，他就是一個善良的神。

誰能不從內心深處渴望美好，渴望成為自己的主人，渴望從庫埃先生那裡獲取獲得這一切的方法？每個健康的人都有這種願望，渴望獲得快樂、健康的方法。

這種方法能夠改變人的一生，使人們的力量充分的發展。

那麼，對於那些曾學習過這種方法並確實從中獲益的人們來說，難道他們不應該盡一切可能把這種神奇的方法和知識傳播給別人？這是一項嚴格的任務，當然對於那成千上萬已經認可它的人來說也是一種快樂。讓所有被痛苦，悲傷和壓力壓得喘不過氣的人們都知道它，讓所有飽受病痛的人知道它，讓所有人都知道它。對，就是所有人！而且要幫助他們正確使用這種方法。

看看我們偉大國家——法蘭西吧！雖高舉勝利旗幟但卻已傷痕累累。看看我們的捍衛者吧！雖凱旋歸來卻已殘缺不全。看看我們在全世界飽受戰火摧殘的同胞吧！只求那些已經理解和會運用它的人們，能無私地幫助他們，只求那些已經看到這種方法潛力的能人們，能讓它發揚光大，在人類中傳承下去。

最重要的事

當一個人具有偉大的發現和方法時（雖然別人都不知道），他就有責任馬上把這種發現和方法傳播給其他人。因為每個學會這種方法的人都有能力發生這種「埃米爾・庫埃式的奇蹟」。消除疼痛只是其中一部分，更重要的是讓所有飽受痛苦的人開啟新生活，讓所有人有更好的生活品質！

四月份的時候，在巴黎我有幸受到了埃米爾・庫埃先生的教導，其中一部分如下：

問：這是一個一神論信徒提出的問題，他說按照庫埃先生所說的那樣，利用一種技藝或一個機械程式進行自覺地自我暗示，不值得讓我們去服從上帝的意志。

庫埃先生：不管我們的意願如何，事實上是，我們的意志力總被我們的想像所支配。我們可以透過理想的、有意識地使用機械式的程序來自覺自我暗示，就可以引領我們走上正途。反之，總會將我們引入歧途。

經過思考後那個提問著自言自語道：「確實如此」，在這個顛覆傳統的思想領域中，自覺地自我暗示可以把我們解脫出來，更直接地改善自我。就像我們與天堂之間建了一座橋樑，讓我們可以直接見到上帝。又或者說是我們將窗簾拉開，見到了陽光。

問：我們怎樣才能將愛的陽光普撒大地，讓那些不幸的人透過這種神奇的自我暗示獲得幸福？

答：我們只需要對他們進行適當的提醒，不要強硬地堅持，更不准蠻橫地訓誡，只要他們嘗試充滿信心地自覺自我暗示，那麼他們就會獲得期待的結果。

問：透過「我將入睡」、「它將消失」等暗示真的可以產生這種結果嗎？而且它真的如此神奇以致於結果一定是這樣嗎？我們又該如何解釋這些語句的意義呢？

答：經由重複這些相同的語句，可以幫助我們將其導入腦海中的潛意識裡，而潛意識中的這些想法則變得真實，並會使其得以實現。

問：怎樣才能在精神世界裡成為自己的主人？

答：只要透過想像自己正在控制著自己就行了。具體方法就是在不施加任何努力的情況下，重複惦念這一點。

問：要怎樣才能在肉體上成為自己的主人？

答：自我控制對生理與心理師同樣適用的。

鄭重其事的問：疾病與痛苦對我們而言是合理的，這是我們應該承受的，我們不應該逃避。自我暗示不可能也不應該阻止這些合理的事情。

庫埃先生同樣鄭重且嚴肅的回答：確實，這是不應該的。但你應該知道，它們發生得如此頻繁，它們不分場合，不分時間的發作。

問：為什麼康復的病人會復發？

答：因為他們仍在害怕著那些疾病，他們在潛意識中期待著病痛，病痛就是這樣被燃起的。只要他們腦海深處仍相信還會發病，那麼病痛就會降臨。只要他們不相信，那麼疾病將不再復發。

問：你的方法與別人方法的區別之處在於哪裡？

答：我的方法的最主要的不同在於我強調無論什麼情況想像都會戰勝意志力。這是基礎和根本。

問：R女士正在進行一項工作，需要你簡要的介紹一下你的方法。

答：我的方法本來就很簡單，只需要幾句話就可概述：與我們傳統所學的不同，我們的一切行為是由我們的想像（潛意識）支配，而不是我們的意志力。當我們按照我們的意志力行動，並且潛意識也認為我們可以時，那麼我們可以順利完成。但如果潛意識是另一種想法，那麼結果將與我們的意志力相反。利用舉過多次的例子說明：一個容易失眠的人，他越強迫自己要去睡覺，反而會越興奮；一個人越是嘗試想起他認為已經忘了的名字，他就越是記不起來，而當我們腦海中的想法「我已經忘了」轉變成為「我記得它」時，這個名字就會出現了，一個人越是想讓自己的大笑停止，就越是笑得無法無天。剛學騎車的新手越是要求自己避開障礙，就越容易撞上障礙。

我們想成為自己肉體和精神的真正主人，就必須引導我們發射的想像，步入正途。

而只要經過進行自覺地自我暗示練習就可以取得成功。

無論在生理上還是心理上，當我們渴望一件好的事情發生時，要常常重複「它將到來」。當我們渴望一件壞的事情不發生時，要常常重複「它將消失」，那麼將來的某一天，你就會發現結果確實如此。而使用我所說的方法就已經囊括所有事情，這種方法就是早晚都重複「每天，我的每一個方面都在變得越來越好」。

問：那些悲傷，沮喪的人也適用於這種自我暗示方法嗎？

答：當「我很難過」的想法存在於你潛意識中，你就一定會不開心。在不施加如何努力的條件下，重複「我會忘記某件事」，那麼你就一定會忘記這件事。即使是面對痛苦，我可以保證，無論是面對多麼強烈的痛苦，「它將消失」這點一定可以成功。

一個男人，彎著腰，拄著兩根拐杖。帶著疼痛而略顯憂鬱的表情，孤獨且緩慢地走了進來停住。當時大廳裡全是人，快要被擠滿了。這時庫埃先生進來了，在發現這個男子並瞭解了它的一些情況之後，庫埃先生對他這樣說道：「在你患了風濕之後的三十二年裡一直無法走路，還飽受病痛。不過，沒關係，這一切都將會被變好。」

經歷簡短的談話之後，庫埃先生對他進行了實驗：「現在請你閉上雙眼，機械、快速地重複『它將離去，它將離去』（於此同時，在接下來的二十至二十五秒左右的時間裡，庫埃先生把自己的雙手放在那個病人的雙腿之上。）現在，請你站起來往前走，你不會感到任何疼痛（病人站了起來，向前走去）快一點！快一點！你還可以更快！你走得非常好，你的雙腿是如此協調有力，我想你可以跑起來了。快，跑起來！對，使勁！跑起來了！」而令大家驚訝的是，病人竟真的跑了起來，充滿了歡樂，似乎又回到了青春時期。

還有一個同樣吃驚的案例，那是在一九二〇年四月二十七日的降神會上發生的（在柏瑞林醫生的診所）。」一位女士說：「我丈夫被哮喘折磨多年了，他當時呼吸都已相當吃力，我們對此憂心忡忡，怕發生什麼不測。他那時主治醫生都已經放棄了治療。但我的丈夫最終還是痊癒了，就在他見過庫埃先生一次之後。」

一位年輕的女士前來感謝庫埃先生，她精神振奮，感激之情溢於言表。與她一起的還有她的醫生維查特。他介紹說，她曾患過很久的腦貧血，面對他的這位病人，他嘗試了許多種方法都沒有使她痊癒。然而進行了庫埃先生的方法後，病人的病痛奇蹟般地消失了，疾病也奇蹟般地痊癒了。

大廳裡迴蕩著那些被庫埃先生治癒的、不用再受病痛折磨的人們發出喜悅的聲音。

一個醫生引用了一名哲學家所說的話：「疾病最大的敵人就是自我暗示。」（他說了他的姓名）也就是這個原因使他徹底信賴了庫埃先生。

某位小姐替一位做過地方官的紳士表達了他的感激之情。她說啊；「他十分激動地說道『他太令人敬佩了，我不知道該用什麼語言來表達我的感激。』一位因自己疾病痊癒而非常激動的上流社會婦女道：「庫埃先生，你就是那偉大的上帝，我們應該對你頂禮膜拜！」另一個重獲新生的患者糾正說：「不，他是上帝的使者，來拯救我們的使者。」

一位年老的婦女說：「庫埃先生的方法是產生奇蹟的方法，這種方法是多麼令人興奮，而我就是它能創造奇蹟的最好證明。你們可以看到現在的我身體健康，精神百倍，而原來的我卻是年老體弱，精神官能症。這種方法所帶來的結果是不會被逆轉的，因為它依賴於我們腦海中強大的力量——潛意識。我感謝這種方法，但我更感激它的「主人」——庫埃先生。

一位年輕婦女發表了大家都完全贊同的觀點：「庫埃先生直接抓住問題所在，一針見血，並且將這種方法堅持到底。他的無私令人欽佩。他給了從這種方法中獲益的人們最大的權利，去使用和傳播這種方法，讓盡可能多的人獲得了新生。」

曾經有一位女士想要邀請一位有名的作家撰寫一本介紹這種神奇方法的書，庫埃先生斷然拒絕了她。庫埃先生告訴世人，這種方法簡單明瞭，就是重複「它將離去」這句話，就會真的讓糾纏著人們的病痛消失。他鄭重地告訴大家，這就是這本書的一切。

對於這一點，那成千上萬收益於這種方法的人們都可以證明。

一位久久沒有說話的女士開口說道：「一次一次地運用這種方法使我對它有了更深刻的理解。這個方法是如此之完美，我們不需要去增加什麼，也不需要去刪除什麼，我們僅僅需要的就是將它傳播給更多的人。我將會竭盡我的全力去做到這一點。」

現在，是應該總結的時候了，庫埃先生在面對每一個人總是謙虛的說：

我沒有吸引力，

我沒有影響力，

我也沒有治癒過任何人。

我只是告訴大家這種方法，使用這種方法的人們都能獲得和我一樣的成績。

我可以極負責任地說，每一個接受過這種方法指導的人，一定可以從中獲得巨大益處。我相信在未來的某一天，庫埃先生的名字就響徹雲霄。這位這種方法的創始者將會進入更高的殿堂，而不是像現在這樣單純地進行指導，他將為成千上萬的人帶來福音。這是一項不朽的功績，而它起始於法蘭西，推廣於全世界。大家都會對他推崇至極，就是因為他的那句雖簡單明瞭卻不可思議的闡述：「它將離去，這就是這本書的全部。」

愛米爾・庫埃

成功講座 403

心理暗示術

海鴿文化出版圖書有限公司
Seadove Publishing Company Ltd.

作者　〔法〕埃米爾・庫埃
譯者　尚文
美術構成　騾賴耙工作室
封面設計　九角文化設計
發行人　羅清維
企畫執行　林義傑、張緯倫
責任行政　陳淑貞

出版　海鴿文化出版圖書有限公司
出版登記　行政院新聞局局版北市業字第780號
發行部　台北市信義區林口街54-4號1樓
電話　02-27273008
傳真　02-27270603
e - mail　seadove.book@msa.hinet.net

總經銷　創智文化有限公司
住址　新北市土城區忠承路89號6樓
電話　02-22683489
傳真　02-22696560
網址　www.booknews.com.tw

香港總經銷　和平圖書有限公司
住址　香港柴灣嘉業街12號百樂門大廈17樓
電話　（852）2804-6687
傳真　（852）2804-6409

CVS總代理　美璟文化有限公司
電話　02-27239968　e - mail：net@uth.com.tw

出版日期　2024年04月01日　一版一刷

定價　350元
郵政劃撥　18989626戶名：海鴿文化出版圖書有限公司

國家圖書館出版品預行編目資料

心理暗示術／埃米爾・庫埃作；
尚文譯--一版，--臺北市 ： 海鴿文化，2024.04
面 ；　公分. －－（成功講座；404）
ISBN 978-986-392-519-4（平裝）

1. 應用心理學　2. 暗示

175.8　　113002804